Allitera Verlag

Arwed Vogel wurde 1965 geboren und wuchs im Umland von München auf. Er studierte Kulturwissenschaften in München und London und ist seit 1985 als Dozent für Literatur und Kreatives Schreiben tätig. Er unterrichtet an der Ludwig-Maximilian-Universität, dem Fraunhofer Institut sowie an verschiedenen Volkshochschulen. Neben der Veröffentlichung zahlreicher Erzählungen und Gedichte erschien 2003 sein erster Roman »Die Haut der Steine«. Vogel ist Mitbegründer verschiedener Literaturzeitschriften sowie des Münchner Literaturbüros und erhielt diverse Auszeichnungen für sein literarisches Schaffen und Engagement. Der Autor, Dozent und Übersetzer lebt in München und Wartenberg.

Arwed Vogel

Der Roman

Planen – Schreiben – Veröffentlichen

Allitera Verlag

Weitere Informationen über den Verlag und sein Programm unter:
www.allitera.de

September 2014
Allitera Verlag
Ein Verlag der Buch&media GmbH, München
© 2014 Buch&media GmbH, München
Umschlaggestaltung unter Verwendung eines Bilds von © gena96 - Fotolia.com
ISBN print 978-3-86906-677-6
ISBN ePub 978-3-86906-678-3
ISBN PDF 978-3-86906-680-6
Printed in Germany

Inhalt

Teil 1:

Ideen- und Lebenswelten

Kapitel 1:

Ein paar Gedanken vorneweg

Menschen, die schreiben, sind so verschieden wie ihre Texte. Die Gründe, warum sie schreiben, sind so vielfältig wie die Wege, die sie dabei beschreiten. Wir wissen aber, was alle verbindet. Was die meisten erfahrenen Autoren ebenso wie Anfänger, Verfasser »hochliterarischer« Texte gleichermaßen wie Autoren von Unterhaltungsliteratur empfinden: Schreiben ist schwierig. Und einen Roman zu schreiben bedeutet, eine gehörige kulturelle und schöpferische Leistung zu vollbringen.

Dabei ist sich jeder professionelle Autor bewusst, dass trotz größter Anstrengungen am Ende nicht unbedingt ein Erfolg seine Bemühungen krönt. Wir wissen, dass die größten Dichter zu ihrer Zeit manchmal völlig unbekannt waren und dass Autoren, die zu ihren Lebzeiten sehr erfolgreich waren, heute vollkommen vergessen sind. Deswegen stellen wir, bevor wir Arbeitsschritte und Arbeitsweisen zeigen, einige Fragen, auf die Sie vorläufig keine Antwort finden müssen, die Sie aber begleiten sollen: Worauf kommt es Ihnen an, wenn Sie schreiben? Was ist Ihnen wirklich wichtig? Was wollen Sie erreichen?

Viele Menschen interessieren sich gar nicht vordergründig für literarischen Erfolg, sie wollen einfach ein Buch schreiben. Der eine hat ein Thema, von dem er erzählen will, der andere träumt davon, mit Schreiben schnell sehr viel Geld zu verdienen, weil er gehört hat, dass es möglich sei. Kommerzieller und literarischer Erfolg von Büchern ist in unserer Welt kaum kalkulierbar. Manche werden von ihm überrascht, andere erarbeiten sich ihre Anerkennung über viele Jahrzehnte, wieder andere bleiben unbeachtet. Aber es gibt mindestens einen Menschen auf dieser Welt, für den sich all die Anstrengungen lohnen. Und der sind Sie selbst. Es ist wichtig, seine Texte zu publizieren, es ist schön, wenn man damit Geld verdient, und großartig, wenn man sich davon ernähren kann. Viel wichtiger jedoch ist, dass Schreiben Ihr Leben bereichert, verändert, in Bahnen lenkt, die Ihnen mehr Lebensqualität geben, als es viele andere Dinge auf dieser Welt tun können. Das möchte ich Ihnen mit diesem Buch zeigen. Ich meine damit nicht, dass Ihr Schreiben therapeutische Gründe haben soll. Das kann es, aber auch darauf kommt es nicht an. Schreiben bedeutet, sich selbst und die Welt ernst zu nehmen. So ernst, dass man versucht, sie durch Sprache zu begreifen, sich dem Vergnügen hingibt, für ihre Erscheinungen Worte zu finden, Geschichten zu ersinnen, sich selbst festzuhalten, die eigene Vergänglichkeit, die Vergänglichkeit der Schönheit zu überwinden, ihr zumindest etwas entgegenzusetzen. Schreiben bedeutet, in einer Weise zu handeln, die ganz die eigene ist. In die Ihnen niemand hineinreden kann. In der Sie Ihre Persönlichkeit kennenlernen, darstellen und verwirklichen können.

Sie werden in den folgenden Kapiteln auch lesen, dass dieser Zugang zum Schreiben einen literarischen Erfolg überhaupt erst ermöglicht. Wenn das Manuskript fertig ist, können Sie es verkaufen, vermarkten, publizieren, in die Schublade legen, wegwerfen.

Für wen schreiben Sie?

»Ein fertiges Manuskript ist wie ein Teppich, für den man den besten Preis aushandeln muss«, soll ein bekannter Schriftsteller einmal gesagt haben. Im letzten Kapitel dieses Buchs werden Sie Hinweise finden, wie sich ein literarisches Werk vermarkten lässt. Davor aber passiert etwas anderes. Und deswegen ist es wichtig, die Schreibarbeit von der späteren Vermarktung zu trennen. Wenn Sie sich zu sehr auf Zielgruppen und Formate einlassen, wird Ihr Text möglicherweise verkrampft wirken, weil Sie zu bewusst versuchen, in einer bestimmten Weise zu schreiben. Das heißt nicht, dass Sie nicht darüber nachdenken sollten, was Sie schreiben und wer das später lesen könnte. Aber wenn Sie Ihre Ideen einsperren und wie in einem Baukastensystem einzelne Elemente zusammenbasteln, dann wird der Text auch so wirken. Unsere Medien- und Unterhaltungsindustrie lebt davon, Formate zu erfinden, sie zu optimieren, Schubladen zu haben, in denen die Produkte sauber geschichtet angeboten werden können. Aber ist beispielsweise Harry Potter so ohne Weiteres in die gängigen Formate der Unterhaltungsliteratur einzuordnen? Ich glaube kaum. Wir finden in ihm viele bekannte Elemente wie die Detektiv- oder Internatsgeschichte, erfolgreiche Zutaten aus der Welt der Fantasy und fantastischen Literatur, aber dennoch hat dieses Werk ein ganz eigenes Gepräge, das vor allem von der Persönlichkeit der Autorin gespeist wird.

Wenn man schreibt, hat man den Menschen in seinem Umfeld immer wieder Fragen zu beantworten wie: Warum schreibst du? Hast du schon einen Verlag? Kann man damit Geld verdienen? Freunde fragen, ob man ins Kino mitgehen will. Man antwortet: »Nein, ich möchte noch meine Geschichte fertig schreiben.« Man sieht in leicht verwunderte oder respektvolle Gesichter. »Finde ich toll, dass du so was machst«, sagt einer der Freunde vorsichtig, in den Worten ist die Skepsis nicht zu überhören. »Und *was* schreibst du?« »Na ja, Geschichten. Liebesgeschichten. Beginne jetzt einen Roman«, antwortet man möglichst unauffällig. »Und hast du schon einen Verlag?« Diese Frage wird mit einem Blick von leicht unten mit einem zusammengekniffenen prüfenden Auge gestellt. »Nein, habe ich nicht.« »Und warum schreibst du dann?« Als ob man dabei wäre, sein Leben aufzugeben, nur weil man Geschichten erfindet und sie aufschreibt, ohne mit einer Vermarktungsmöglichkeit aufzuwarten. Die meisten Menschen, die diese Fragen stellen, schreiben selbst nicht und haben nur sehr vage Vorstellungen vom Schreiben und Veröffentlichen.

Einen Menschen, der gern Musik macht, fragt man selten: Warum spielst du ein Instrument? Hast du schon einen Plattenvertrag? Abgesehen vom Nachbarn, der sich womöglich in seiner Feierabendruhe gestört fühlt, finden es alle positiv und wichtig, wenn man in seiner Freizeit musiziert, mit anderen in einer Band spielt, nur zum Vergnügen. Es fragt auch niemand nach der Zielgruppe, die man erreichen will. Musik machen, weil es einem persönlich wichtig ist, wird nicht hinterfragt.

Zermürbt von diesen Fragen hinterfragt man als Schreibender dann wirklich seine Tätigkeit. Für wen schreibe ich eigentlich? Warum schreibe ich überhaupt? Aber diese Fragen darf man nicht vermischen. Nur weil andere Menschen die Möglichkeit haben, später das Geschriebene zu lesen, heißt das nicht, dass ich mich darum kümmern muss, wer das zu sein hat. Ich schreibe, weil ich schreiben möchte. Und wenn dabei ein Buch herauskommt, dann wird es mit dem richtigen Verlag auch die entsprechenden Leser finden. Stellen wir also die Frage zurück, für wen es geschrieben ist, verlassen wir uns auf unsere Ideen und unsere Persönlichkeit. Denn auch die Leser zeigen manchmal für ein Thema oder eine Schreibweise Interesse, mit dem niemand gerechnet hat.

So habe ich in meiner Arbeit als Dozent Teilnehmern nie eine Antwort auf die Frage geben wollen, ob man für eine Zielgruppe schreibt oder schreiben soll. Die Leser, denen das Werk schließlich gefällt, werden sich finden. Sie spielen am Anfang der Arbeit eine geringere Rolle, als viele meinen. Vielleicht sollte man sich erst am Schluss die Frage stellen: Wer möchte so etwas lesen? Das wäre der richtige Zeitpunkt und man kann den Text dann immer noch für ein gängiges Format einrichten.

Was soll den Text prägen?

Es gibt vier Fragen, die man sich zu einem Schreibvorhaben stellen kann. Unter ihnen ist der Leser ein Aspekt, aber eben nur einer. Man kann, wie es viele Autoren getan haben, diesen Aspekt vernachlässigen. Andere Aspekte rücken dann in den Vordergrund und bestimmen Ihre Arbeitsweise.

1. Das Thema

   Wenn das Thema am wichtigsten ist, werden Sie Stil, Sprache und Konzeption des Buchs so gestalten, dass Ihr Thema am besten zu Geltung kommt. Ein Liebesroman wird in einem anderen Stil zu schreiben sein als ein Roman, der sich mit politischer Unterdrückung beschäftigt. Das gilt natürlich auch für die Methode: Recherche ist bei einem Liebesroman möglicherweise von geringerer Bedeutung als bei einem historischen Roman, bei dem man große Mengen an Sachinformationen in seine Geschichte unauffällig einfügen muss.

2. Der Leser

Wenn Ihnen der Leser am wichtigsten ist, müssen Sie darüber nachdenken, für welche Leser Sie das Buch schreiben, was diese durch Ihr Buch erfahren möchten oder können, wie die Sprache und Gestaltung aussieht, die gerade diese Menschen verstehen. Sie können aber auch gezielt versuchen, eine bestimmte Gruppe von Lesern durch Ihr Buch zu provozieren, deren Einstellungen kritisieren.

3. Das Spiel mit Sprache und Form

Wenn Sie mit der Form spielen, ist das Thema zweitrangig. Dann möchten Sie einen Roman schreiben, in dem Sie durch Ihre Erzählweise einen ästhetischen Gewinn erzielen und den Roman in seiner Entwicklung voranbringen. Sie fragen sich, welche Vorläufer Ihr Buch hatte und was daran neuartig gestaltet ist. Solche Beispiele finden wir vor allem in der modernen Literatur.

4. Die Schreibpersönlichkeit des Autors

Der Stil eines Textes ergibt sich auch aus der Frage, ob ein Autor seine persönliche Umgangsweise mit Sprache und Inhalten realisieren will, ohne auf den Leser Rücksicht zu nehmen. Die individuelle Gestaltung des Textes, die Unverkennbarkeit einer Art zu erzählen steht bei diesem Aspekt im Vordergrund und nimmt in Kauf, dass der Text für manche schwer zu lesen sein könnte.

Die Betonung der beiden letzten Punkte führt in die Richtung des literarischen Kunstwerks, während die ersten beiden informative und unterhaltende Aspekte in den Vordergrund stellen. Dennoch hängen diese Punkte zusammen und ergeben in ihrer Gesamtheit den Stil eines Textes. Kriminalromane und historische Romane werden vor allem zur Unterhaltung gelesen und doch finden wir auch in diesen Büchern die Schreibpersönlichkeit des Autors, der es sich nicht nehmen lässt, die Welt in einer bestimmten Weise durch seine Sprache auszudrücken. Wolf von Niebelschütz, der Autor des großen Mittelalterromans »Kinder der Finsternis«, gehört genauso dazu wie der Kriminalromanautor Friedrich Glauser. Beide brachten in ihren Büchern auch ihre Schreibpersönlichkeit zum Ausdruck.

Warum schreibt man überhaupt?

Ich habe schon angedeutet, dass literarischer Erfolg und damit verbunden der finanzielle Erfolg oft davon abhängt, ob es gelingt, eine eigene Schreibpersönlichkeit zu entwickeln. Man könnte sie auch schriftstellerische Identität nennen. Das bedeutet nicht, dass man immer das Gleiche schreiben muss. Es heißt zu lernen, was man will, was man kann und was man nicht kann. Um sie zu finden, muss man das empfinden, was alle Schreibenden verbindet: Die großen Meister, gleich ob sie Unterhaltungsliteratur oder hochliterarische Texte schaffen – sie schreiben, weil sie schreiben wollen. Oder weil sie schreiben müssen. Oder weil sie meinen, schreiben zu müssen. Diese Autoren sind auch deshalb erfolgreich, weil der Leser das auf eine merkwürdige Weise im Text spürt. Der Leser spürt, dass es dem Autor wichtig ist, ihm diese Geschichte zu erzählen, dass es ihm wichtig ist, dass er gelesen wird. Der Leser spürt, dass hinter dem Text ein Mensch steht, der nach Wahrheit sucht, der sich mit seinem Leben einbringt, dem man folgen möchte und glauben kann, dessen Fiktionen und Imaginationen man vertrauen kann. Dieses Gefühl entsteht erst, wenn der Autor sich und seine Geschichte wichtig nimmt, wenn das Abenteuer Schreiben ihm persönlich etwas bedeutet und unabhängig vom berechneten Erfolg unternommen wird.

Das ist sicher nicht die einzige Antwort auf die Frage, warum Menschen schreiben. Es gibt eine Reihe von Beweggründen, sie reichen von der Liebe zur Sprache bis zum Versuch, durch Schreiben traumatische Ereignisse des eigenen Lebens zu verarbeiten. Das Gefühl, in dieser Welt etwas festhalten zu müssen, treibt sehr viele Menschen an; der Wunsch, nicht nur zu konsumieren, sondern auch etwas schaffen zu wollen. Viele schreiben, weil sie die Welt als Sprache erleben und überall Geschichten finden, die wie Schatten in ihrem Kopf leben.

Manchmal kann man auch gar keinen rationalen Grund angeben. Es ist bei manchen das Gefühl, dass ein Leben ohne Schreiben keine Bedeutung hat. Die Erfahrung, dass die Arbeit mit Wörtern eine Zufriedenheit vermittelt, die auf andere Weise nur schwer erreicht werden kann. Man erlebt sich nach einem langen Tag müde und abgearbeitet, findet sich dennoch am Abend vor einem Blatt Papier oder vor dem Computer wieder und es dauert keine Minute, bis man einzelne Wörter aufschreibt oder die Geschichte vom Vortag in die Hand nimmt und auf einmal wieder wach, geradezu überwach, zu schreiben beginnt. Dass man nachts aufwacht und Gedanken durch den Kopf fließen, neue, ungewohnte Gedanken, die im Schlaf aus dem Unbewussten aufgetaucht keine Ruhe finden und aufgeschrieben werden wollen. Vielleicht ist es das Moment, dass man sich mit sich und der Welt verbunden fühlt, eine Verbindung aufbaut, ein Moment, das alle Entfremdung des Alltags überwindet von der Welt, die uns medial überschwemmt, ihre Geschwindigkeit aufzwingt, künstlich geschaffene Bedürfnisse in uns entbrennt.

Vielleicht spüren Sie Ähnliches, wenn Sie schreiben. Vielleicht haben Sie auch ganz andere Vorstellungen. Oder haben Sie etwas erlebt, was Sie unbedingt zu Papier bringen müssen – etwas, was die Welt erfahren soll? Möglicherweise möchten Sie zu einem politischen oder gesellschaftlichen Problem Ihre Meinung durch eine Geschichte darstellen, weil Sie nicht dazu schweigen wollen und zu der Überzeugung gelangt sind, dass Sie es nicht in einer Partei vertreten oder in einem Sachbuch darstellen können. Auch hier ist Ihr Handeln von Ihren Vorstellungen und Gefühlen bestimmt.

Wenn Sie allerdings gar nichts davon in sich spüren, sondern nur Geld mit Schreiben verdienen wollen, dann sollten Sie das Schreiben lassen. Denn es gibt auf unserer Welt einfachere Möglichkeiten, Geld zu verdienen.

Über Regeln, Anweisungen und Methoden

Das Schreiben eines Romans ist in erster Linie eine künstlerische Tätigkeit. Es gibt deswegen keinen Königsweg und keine einfachen Rezepte, wie man es am besten machen kann – auch wenn viele das behaupten.

In den Büchern über kreatives und erfolgreiches Schreiben, über Plots und Figurenentwicklung stehen sehr viele wertvolle Hinweise. Wir können zahlreiche theoretische, strukturierende Anleitungen finden, die das gedankliche Chaos in unserem Kopf ordnen und in eine handhabbare Richtung lenken. In vielen dieser Bücher finden Sie Methoden, die Sie dazu bringen sollen, ohne Probleme in kurzer Zeit einen Roman zu schreiben. Wir kennen solche Versprechungen: der perfekte Roman in drei Wochen, mit spannendem Plot, lebensechten Figuren, verfilmbar und als dreiteilige Fortsetzung angelegt. Der Erfolg ist nur eine Frage des Willens, und so fassen Sie den Plan, Gitter vor den Fenstern Ihrer Wohnung anzubringen, um die auf Bäumen lauernden Verleger abzuhalten, das unfertige Manuskript zu stehlen, bevor Sie die erste Zeile geschrieben haben.

Es ist leicht, Regeln und Anweisungen zu formulieren, die einleuchtend klingen, und diese als Methode zu empfehlen. Aber ob sie sich in der Praxis bewähren, ist eine ganz andere Frage. Sie sollten diese Bücher lesen, wenn Sie das wollen. Aber Sie müssen mit diesem Wissen kritisch umgehen, so wie Sie auch das, was Sie in diesem Buch lesen, kritisch daraufhin überprüfen sollen, ob es für Sie von Bedeutung sein kann.

Wenn eine Methode nicht funktioniert, muss es nicht an Ihnen liegen. Es muss nicht einmal an der Methode liegen. Sie werden im Kapitel über Zeitmanagement sehen, wie zudem Lebensumstände und Lebenssituationen die Schreibmethode prägen können.

1. Funktioniert die Methode wirklich oder wurde sie nur von jemandem erfunden, der ein Buch darüber schreiben wollte? Der möglicherweise als Drehbuchcoach wenig Schreiberfahrung mit Romanen hat und das, was er beim Drehbuchschreiben zu Recht lehrt, auf den Roman anwendet, ohne zu sehen, dass das Schreiben von Romanen ganz anders abläuft?

2. Passt die Methode zu Ihrer Persönlichkeit oder sind Sie jemand, der ganz anders arbeitet? Sie wollen keinen Plan entwickeln, sondern intuitiv schreiben oder umgekehrt? Es fällt Ihnen gar nicht ein, sich den Schluss vorher auszudenken, weil

Sie sich überraschen lassen wollen? Sie wollen vielleicht auch keine Kapitelgliederung vorher erstellen und Ihre Figur gar nicht von Anfang an – wie übrigens Stephen King – besonders gut kennen.

3. Passt die Methode zu Ihrem Projekt? Es kann durchaus sein, dass Sie eine Methode erfolgreich anwenden und beim nächsten Text feststellen müssen, dass Sie plötzlich ganz anders schreiben. Das hat den einfachen Grund, dass nicht nur jeder Mensch ein wenig anders arbeitet, sondern auch jedes Projekt seine eigenen Regeln der Umsetzung hat. Manche Texte entwickeln sich kreativ aus dem Schaffensprozess heraus, andere erfordern mehr Planung. Manche Texte müssen chronologisch von Anfang bis Ende geschrieben werden, bei anderen werden entstandene Einzelteile wie Mosaiksteine schließlich zusammengefügt.

Das heißt nicht, dass es keine Regeln gibt. Natürlich ist es von Vorteil, beim Schreiben einer Detektivgeschichte vorher zu wissen, wer das Verbrechen begangen hat, aber es ist nicht zwingend notwendig. Manchmal kennt man das Ende, oftmals nicht, und es ist überhaupt nicht klar, wie sich die Handlung im Mittelteil auf das Ende hin entwickeln wird. Man muss nicht immer alles schon vorher wissen, bevor man es realisiert. Figuren verändern sich im Laufe des Arbeitsprozesses oft auf unerwartete Weise – manchmal aber ist es wichtig, an Momenten festzuhalten, die man bereits ganz zu Anfang realisieren wollte.

Try and error

Lassen Sie sich nicht verunsichern. Das, was Sie tun, ist entscheidend. Und nicht die Frage, ob es richtig ist, wie Sie es tun. Sie müssen schreiben. Nicht mehr als das. Mit all Ihren Fähigkeiten, Gefühlen, Kräften, mit Bauch, Kopf, Herz, Hand und Fuß. Sie können nichts falsch machen, da sich alles verbessern lässt. Das Material ist billig, die Umweltverschmutzung minimal. Alles kann man umschreiben, für jedes Wort ein besseres finden.

Eine wichtige Quelle sind die Zeugnisse von Schriftstellern, die ihre eigenen Schreibprozesse dargestellt haben. Nicht wenige haben

Bücher veröffentlicht, viele haben Vorlesungen gehalten, die meisten haben Tagebuch geschrieben, Vor- oder Nachworte zu ihren Büchern verfasst. Man muss ein wenig suchen, aber wenn man Briefwechsel zwischen Schriftstellern zur Hand nimmt, so finden sich meistens zahlreiche interessante Bemerkungen, Schilderungen von Problemen und Schreibkrisen, aber auch von den Glücksmomenten, wenn etwas gelungen ist. Von diesen Zeugnissen habe ich am meisten gelernt, weil sie das beschrieben haben, was die Autoren selbst erlebt haben, ihre ganz individuelle Situation. Wenn man die Werke kennt, kann man nachfühlen und noch besser verstehen, was sie zu ihren Schreibvorgängen festgehalten haben. Sehr häufig erzählen sie, wie Fassungen und Vorhaben gescheitert sind und dass sie auch nichts anderes tun konnten, als zu versuchen, es beim nächsten Mal besser zu machen.

William Sommerset Maugham wird der Satz zugeschrieben, dass es drei Wege gebe, einen guten Roman zu schreiben: Unglücklicherweise wisse niemand, wie diese lauten. Deswegen sollten Sie kritisch sein, wenn man Ihnen erzählt, wie Sie zu schreiben und zu publizieren haben. Manchmal sind Irrwege nötig, um zu einem ansprechenden Ergebnis zu kommen, manchmal findet man auf ihnen überhaupt erst heraus, was man eigentlich will.

Wie kann Ihnen dieses Buch helfen?

Dieses Buch will Ihnen Instrumente zeigen, mit denen Sie *unnötige* Irrwege vermeiden können. Instrumente, die Sie dann einsetzen, wenn Sie nicht weiterkommen und Hilfe brauchen. So können Sie Ihr Projekt hoffentlich in einem überschaubaren Zeitraum bewältigen. Es gibt Stolpersteine und es gibt Fehler, die alle Anfänger zu machen versucht sind. Das Buch zeigt Ihnen nicht den Weg, sondern die Gefahren, die auf diesem Weg auf Sie lauern – wenn Sie diese vermeiden, kommen Sie leichter an Ihr Ziel.

Das Buch ist gespeist von eigenen Erfahrungen, von den Erfahrungen zahlreicher Schüler, mit denen ich gearbeitet habe, und von professionellen Autoren, mit denen ich im Schriftstellerverband zu tun habe. Erkenntnisse der Psychologie, Philosophie und Literaturwissenschaft fließen mit ein, aber nur, wenn sie die Vorgänge beim Schreiben erhellen.

Ich werde auch darauf eingehen, wie mein Roman »Die Haut der Steine« entstanden ist. Es gibt das Sprichwort: »Mit seinem ersten Buch macht man alle Fehler, die man nur machen kann.« Das kann ich für mich in Anspruch nehmen, und ich möchte Ihnen die Fehler zeigen, weil sie nicht ungewöhnlich sind, sondern vielen Autoren passieren. Es ist eine Reise durch viele Jahre, in denen ich an diesem Text gearbeitet habe, und ich nehme sie als Beispiel, damit die handwerklichen Grundlagen nicht in der Luft hängen. Ich versuche in diesem Buch zu zeigen, warum Fehler entstanden sind, versuche sie in Erkenntnisse umzusetzen, darzustellen, wie Schreibprozesse ablaufen, welche Instrumente es gibt und in welcher Situation sie sich anwenden lassen, damit Sie nicht dieselben Fehler begehen müssen.

Wenn wir nun durch die verschiedenen Themen den Bogen vom Nutzen der eigenen Biografie für einen Roman über die Prinzipien des Schreibens sowie die Grundlagen der Spannungserzeugung und der Figurenentwicklung spannen zu der Frage, was ein Buch zu Weltliteratur macht, dann sollten Sie bei allen handwerklichen und inhaltlichen Überlegungen trotzdem nie aus den Augen verlieren, was ich versucht habe, am Anfang dieses Kapitels zu beschreiben.

Jeder Mensch, der einen Roman schreibt, leistet einen kulturellen Beitrag für unsere Welt. Um dabei ein gutes Ergebnis zu erzielen, muss man paradoxerweise erst einmal sich selbst als Ausgangspunkt sehen. Und deswegen erstaunt es nicht, dass bei einer Buchvorstellung der Schriftsteller Hans Pleschinski erzählt hat, er habe, um einer Krise aus dem Weg zu gehen und weiter arbeiten zu können, ein Schild mit drei Worten über seinen Schreibtisch gehängt: »Nur für mich!«

Kapitel 2:

Vom Leben und Schreiben

Manche Leser glauben, dass der Autor eines Buchs das Beschriebene erlebt haben muss, andere gehen davon aus, dass Romane reine Erfindungen sind und, im Kopf des Autors geboren, wenig oder nichts mit dessen Existenz zu tun haben. Beide Annahmen stimmen nicht, denn das Leben und das Schreiben eines Autors sind untrennbar und in vielfältiger Weise miteinander verknüpft. Manchmal nur lose, sodass es kaum zu erkennen ist, manchmal so eng, dass der Autor es selbst schon gar nicht mehr wahrnimmt. Wie diese Verbindungen hergestellt sind, das entscheidet auch darüber, ob es gelingt, einen Roman zu beenden, sogar, ob das Buch für andere interessant sein kann.

Davon handelt dieses Kapitel, denn das eigene Leben hat für den Schreibprozess auf verschiedenen Ebenen eine Bedeutung, die wir nicht unterschätzen dürfen. Zudem hat dies praktische Auswirkungen auf das Schreiben selbst.

Jedes Buch hat eine Entstehungsgeschichte und sie beginnt meistens lange vor dem Schreiben. Man habe das ganze Buch im Kopf, aber wenn man sich hinsetze, um es zu schreiben, fehle einem schon der erste Satz, hat Hermann Broch einmal gesagt.

Diese Aussage lässt sich auf zweifache Weise interpretieren. Sie weist darauf hin, dass die Vorstellungen, die wir uns von einem Buch machen, und die praktische Arbeit – das Formulieren von Worten, Sätzen, also die Schreibarbeit – zwei unterschiedliche Dinge sind. Das erleben wir immer wieder schmerzlich, wenn der Gedanke geschmeidig und geglückt durch unseren Kopf gleitet – wenn wir ihn aufschreiben, begegnet er uns auf dem Papier dürftig und schwach in seiner Formulierung. Das bedeutet nicht, dass der Gedanke falsch ist, aber es muss noch mit ihm gearbeitet werden. Es ist, als begänne man eine Melodie zu singen, die im Kopf ist. Laut gesungen klingt sie merkwürdig schräg, ganz und gar nicht so, wie man sie sich vorgestellt hat. Schnell merken wir, wie lückenhaft das Ausgedachte ist und dass es sich nur schwer in Sätze fassen lässt, ähnlich wie ein Traum, an den man sich am Morgen zu erinnern versucht. Das ist eine Erfahrung, von der nicht nur Anfänger betroffen sind. Es geschieht einem immer wieder und es liegt nicht am Autor.

Das zweite, was man dem Zitat von Hermann Broch entnehmen kann, ist die Erkenntnis, dass ein Text im Kopf zu entstehen beginnt und sich auf der Basis unserer Erinnerungen und Erfahrungen entfalten kann, bevor wir ihn zu Papier bringen. Wenn man nicht an göttliche Eingebung, Musenküsse und andere magische Momente glaubt, muss man auf das zurückgreifen. Nicht nur auf das gespeicherte Wissen und die erworbenen Fähigkeiten, sondern auf unsere gesamte Lebenserfahrung, das Lebensmuster, die vielfältigen Welten eines gelebten und lebendigen Daseins in Vergangenheit und Gegenwart.

Die Autorenpersönlichkeit

Jedes Buch, auch jedes Kinderbuch, jeder Fantasy- und Science-Fiction-Roman, Unterhaltungsroman und Regionalkrimi, hat in irgendeiner Form mit der Persönlichkeit des Autors zu tun und gründet meistens auf ihr. Ich meine damit nicht, dass in einem Roman nur tatsächlich geschehene Ereignisse beschrieben werden sollen. Das wäre keine Literatur. Das, was geschehen *ist*, bezeichnen wir nach Aristoteles als Geschichtsschreibung. Literatur ist das, was geschehen *sein könnte*.

Was geschehen sein könnte – die Fiktion, die wir aufbauen, unsere Fantasie, unsere Vorstellungen – ruht auf dem Fundament dessen, was wir erlebt haben, und den Erfahrungen, die wir damit gemacht haben. Was geschehen sein könnte bedeutet, dass wir in unserer Vorstellung an eine Ausgangssituation anknüpfen, die wir in unserem Leben finden. Manchmal ist dieser Ausgangspunkt der Autor selbst, der versucht, sich zu begreifen, der nach sich fahndet, um das eigene Leben zu fixieren. Was für die Autobiografie gilt, ist an dieser Stelle auch für die fiktionale Literatur nicht falsch. Später erst, beim Schreiben, beim Erfinden einer Handlung, wenn die Figuren zu leben beginnen, trennen sich die Wege.

Diese drei Bereiche bestimmen den Stoff, der uns zur Verfügung steht:

- ✗ Was haben wir erlebt und welche Erfahrungen haben wir aus diesen Erlebnissen gezogen?
- ✗ Was haben wir an Geschichten gehört von Freunden, Verwandten, von unseren Vorfahren? Welche Erfahrungen haben sie gemacht und wie wirken sich diese auf uns aus?
- ✗ Was haben wir in Büchern gelesen, im Fernsehen und Kino gesehen, im Radio gehört, im Internet erlebt?

Lesen Sie!

Das Lesen spielt eine bedeutende Rolle. Viele Menschen, die ein Buch schreiben möchten, lesen jedoch wenig oder gar nicht, und das ist schwer zu verstehen. Es ist die einfachste und vernünftigste Weise, um das Schreiben zu lernen. Denn das Reservoir an Worten, aus dem wir schöpfen, die Musikalität unserer Sprache, die Art und Weise, wie wir Sätze bauen und Beschreibungen und Perspektiven gestalten, ist von unserer Leseerfahrung abhängig. Beim Lesen nehmen wir unbewusst literarische Strukturen auf und erschaffen sie wieder aus uns, wenn der Augenblick da ist. Der Einwand, dass man eine eigene Sprache entwickeln und sich deswegen nicht von anderer Literatur ablenken lassen will, zählt nicht. Große Künstler haben das Handwerk durch Kopieren von Meisterwerken gelernt. Selbst wenn Sie zeitweise im Stil eines anderen Schriftstellers schreiben sollten, so spricht das eher für Ihre verbale Kompetenz. Vertrauen Sie darauf: Wenn Sie Ihr Thema gefunden haben, werden Sie sich solche stilistischen Attitüden wieder abgewöhnen.

Lesen Sie aber nicht nur Bücher, die Ihnen gefallen, sondern auch Texte, die schwierig erscheinen, die nicht leicht zugänglich sind, durch deren erste Kapitel man sich quälen muss, weil man sie anfangs nicht begreift. Solche Bücher lehren uns, wie Sprache funktioniert, indem wir einen Text distanziert betrachten und ihn nicht konsumieren. Zu diesen Büchern zählen die Klassiker der Moderne, die Literatur, die in der ersten Hälfte des 20. Jahrhunderts entstanden ist. In dieser Zeit haben viele Autoren versucht, für ihren Roman eine eigene Sprach- und Erzählwelt zu entwickeln, sie haben experimentiert und an den Grenzen der Ausdrucksfähigkeit gearbeitet. Sie müssen nicht versuchen, den »Ulysses« von James Joyce zu lesen – für mich waren seine Kurzgeschichten »Dubliners« ein Leseerlebnis, das mein Schreiben und meinen Stil geprägt hat. Es muss nicht Faulkners »Schall und Wahn« sein. Aber »Licht im August« oder die Erzählung »Dürrer September« sind Werke, die zeigen, was Sprache leisten kann. Lesen Sie Max Frischs »Homo Faber« um zu erfahren, wie man eine Ich-Erzählsituation interessant gestaltet, oder werfen Sie einige Blicke in Döblins »Berlin Alexanderplatz«, wenn Sie etwas über Montagetechniken und die auktoriale Erzählsituation lernen wollen. Sie sollten zum Nachmittagstee immer drei Seiten aus Marcel Prousts »Auf der Suche nach der verlorenen Zeit« lesen – mehr muss es nicht sein. Sie werden sehen, was mit Ihnen, Ihrer Sprache und Ihren Schreibfähigkeiten passiert, denn Sie lernen, ohne es bewusst wahrzunehmen. Dadurch macht es viel weniger Mühe, als Sie jetzt vielleicht annehmen.

Wenn wir lesen und schreiben, dann bedeutet das auch, dass wir uns als einen Teil der kulturellen Entwicklung wahrnehmen, als jemand, der sich einreiht in die lange Kette der Schriftsteller vergangener Zeiten und der Jetztzeit. Auch diejenigen, die Unterhaltungsliteratur schreiben wollen und an der literarischen Güte ihres Textes kein besonderes Interesse haben, müssen erkennen, dass vor ihrem Text Unterhaltungsliteratur geschrieben worden ist und dass sie auf dem aufbauen, was andere Autoren vor ihnen an literarischen Mustern entwickelt haben. Das gilt für Krimiautoren ebenso wie für Autoren von Kinderliteratur. Deren Figuren, seien es Detektive, Mörder oder in der Kinderliteratur die traditionelle Lausbubengestalt, gehören zum Grundpersonal. Ihre Gestaltung bedeutet nichts anderes, als bekannte Muster zu variieren, in ein neues Gewand zu bringen, so wie es Conan Doyle, Agatha Christie, Gilbert Chesterton mit der Idee des klassischen Detektivs gemacht haben. Oder wie Ludwig Thoma, Erich Kästner, Astrid Lindgren und auch Joanne Rowling es mit der Entwicklung ihrer besonderen Kinderfiguren getan haben.

Man braucht keine Angst zu haben, nichts Neues erfinden zu können, wenn man das schon Bestehende kennt. Wenn man aber in Unkenntnis dessen, was vor einem geschrieben wurde, zum Stift greift, besteht die Gefahr, dass man etwas schafft, was bereits existiert.

Literarische Vorbilder

Die Kenntnis literarischer Vorbilder ist auch für unsere Fantasie wichtig: Wenn wir uns einen Drachen vorstellen, so erfinden wir keinen neuen Drachen, sondern greifen auf Vorstellungen zurück, die in unserer Welt bereits existieren – ganz gleich ob im Märchen, in der Sage, im mittelalterlichen Epos. Alle Drachen haben eine gewisse Ähnlichkeit aufgrund derer sie so genannt werden. Deswegen stellen wir uns anfangs einen Drachen auch nur so »drachig« vor, wie sich Menschen vor uns einen Drachen vorgestellt haben. Wenn es uns aber gelingt, in unserer Vorstellung einem Drachen einen neuen Aspekt zu verleihen, ohne dass er sein Drachensein verliert, dann haben wir etwas Neues erfunden. Der Drache bleibt ein Drache, und dennoch haben wir es geschafft, einen neuen Drachen zu erschaffen. Die Tatsache, dass es uns gelingt, einen neuen Aspekt zu finden, liegt an uns und unserer Kreativität und Persönlichkeit.

Der Satz, alles wäre schon geschrieben, ist unsinnig. Und wir brauchen auch gar nichts völlig Neues zu schreiben. Wir müssen nur das, was wir finden, auf eine neue Weise *darstellen*. Oder wir nehmen das, was unsere Kultur uns bietet, was in uns und anderen Menschen vorhanden ist, und zeigen verborgene Verbindungen auf, die noch niemand zuvor wahrgenommen hat.

Einen Roman zu schreiben bedeutet, nicht nur Worte auf ein Blatt Papier zu bringen, sondern mehr als das. Es ist Ausdruck unserer Welt und gleichzeitig unserer Vorstellungskraft. Die Literatur sei die Probebühne des Lebens, hat der Schriftsteller Dieter Wellershof geschrieben. Alles, was im eigenen Leben nicht gelebt werden kann, unsere Wünsche und Träume und die vielen ungenutzten Möglichkeiten: All das können wir auf die Probebühne unseres Romans stellen und zusehen, was dort passiert. Dabei sind wir es selbst, die ihr Leben dort oben ausprobieren.

26

Die Gefahr schöpferischer Pausen

Wenn man eine Erzählung schreibt, kann man diese Aufgabe in einem Tag oder einer Woche, jedenfalls in verhältnismäßig kurzer Zeit, bewältigen. Dann ist die Erzählung in erster Fassung fertig. Beim Roman ist es nicht so einfach. Denn wenn man einen Roman schreibt, hat man eine wesentlich längere Arbeitszeit vor sich. Ein halbes Jahr, ein ganzes oder vielleicht sogar zwei Jahre brauchen die meisten Autoren allein für die erste Fassung, wenn sie noch wenig Erfahrung haben, zudem wenig Zeit, da sie mit anderen Tätigkeiten ihren Lebensunterhalt verdienen müssen.

Eine der großen Schwierigkeiten, mit denen man beim Schreiben eines Romans zu kämpfen hat, ist die ungewollte Unterbrechung. Für jeden Tag, den man nicht an seinem Roman arbeitet, braucht man zwei, um wieder in den Text hineinzufinden, heißt es. Selbst wenn man nur ein oder zwei Wochen nicht an seinem Text gearbeitet hat, spürt man den Abstand und eine schwer fassbare Unlust, manchmal sogar Angst, die Arbeit wieder aufzunehmen. Für dieses Phänomen lassen sich viele Gründe annehmen. Wahrscheinlich entwickeln sich die eigenen Gedanken zum Text weiter, Vorstellungen und Bilder verblassen, die Musik, die man von seinem Text im Ohr hat, verklingt. Viele Ideen und die Lust, sie sprachlich umzusetzen, verflüchtigen sich, man kann sich nach einigen Wochen Unterbrechung nur schwer erinnern, weiß oft nicht mehr, warum man etwas geschrieben hat, was man mit den bereits bestehenden Worten sagen wollte, wohin sie einen hätten führen sollen.

Es ist schwer, die Fäden wieder in die Hand zu bekommen, und nicht selten führen größere zeitliche Unterbrechungen dazu, dass angefangene Romanprojekte in der Schublade verschwinden.

Dabei geht es nicht darum, jeden Tag an seinem Roman zu schreiben. Aber bei ein bis zwei Jahren Arbeitszeit kann es leicht passieren, dass wir ein paar Wochen, vielleicht gar Monate, nicht an dem Text schreiben. Das kann jeden treffen, auch wenn man dem Schreiben des Romans eine hohe Priorität einräumt und fest vorhat, ihn nun endlich in möglichst kurzer Zeit zu realisieren.

Ein Grund, warum wir die Arbeit an unseren Projekten manchmal unterbrechen müssen, ist der Umfang des Textes selbst. Es sind die

Schreibkrisen, die dadurch entstehen, dass Romane komplexe Gebilde sind, die sich immer schwieriger durchschauen lassen, je länger der Text wird. Schnell weiß man nicht mehr, was man auf den ersten Seiten geschrieben hat. Figuren verändern sich in der eigenen Wahrnehmung und passen nicht mehr in den ursprünglichen Plan. Es fehlt die entscheidende Idee zur Lösung. Je länger ein Text wird, desto schwieriger ist er beherrschbar. Zudem fehlen einem plötzlich die Wörter und man hat das Gefühl, man braucht eine Pause, weil man sich beim Schreiben erschöpft hat.

Der andere Grund, weswegen solche Unterbrechungen auf uns zukommen, besteht darin, dass unsere Lebenswege heute unstabil geworden sind. Trennungen in der Partnerschaft und berufliche Wechsel sind häufiger geworden als in vergangenen Jahrzehnten. Die beständige Neuorientierung im Arbeitsprozess, Zeitarbeit und fehlende Bindung an Firmen haben dazu geführt, dass sich immer weniger Menschen über ihre Zukunft sicher sein können. Solche Veränderungen kosten Kraft und fordern uns viel Kreativität ab, die in unser Schreiben fließen könnte, wenn wir nicht beständig unser Leben neu organisieren müssten. Wir haben das Nomadische in uns aufgenommen ohne es zu merken. Wir zappen durch die Lebensprogramme und finden es ungewöhnlich, wenn uns mehrere Jahre dieselbe Lebenssituation umgibt.

Hinzu kommen die erwünschten und unerwünschten Ereignisse, die durch Krankheit, Todesfälle und Veränderung der natürlichen Lebensumstände verursacht werden. Heirat, Geburt eigener Kinder, Pflege der Eltern – all diese Umstände lassen in kürzester Zeit die hohe Priorität, die wir unserem Schreibprojekt eingeräumt haben, auf eine niedrigere Stufe sinken. Das ist ganz normal und wir können uns nur wenig dagegen wehren. Aber es führt zu jenen Unterbrechungen, nach denen es sehr schwierig wird, einen Neuanfang zu finden. Wie aber geht man mit dieser Situation um, ohne unser Leben zu beeinträchtigen?

Schöpferische Pausen können wichtig und manchmal sogar notwendig sein um Distanz zum Thema zu gewinnen, um es aus einem anderen Blinkwinkel betrachten und überprüfen zu können. Wir können solche Unterbrechungen nicht vermeiden, aber es wird leichter, die Arbeit wieder aufzunehmen, wenn man das richtige Thema gewählt hat.

Es muss so wichtig sein, dass man trotz aller Mühe bereit ist, sich wieder neu einzudenken, die Fäden aufzunehmen, obwohl anfangs die Sprache nicht richtig fließen möchte. Es muss ein Thema sein, an dem wir wirkliches Interesse haben. Interesse im gut lateinischen Sinne des »inter-esse«, ein Dazwischensein, im Thema Verwurzelt-sein, so stark, dass man sich nicht mehr lösen kann. So, dass es gar keinen Ausweg geben kann, als diesen Roman und keinen anderen zu schreiben. Es muss das Beste sein, was man hat. Ein Thema, dass unbeschadet von der aktuellen Lebenssituation von entschiedener Bedeutung für uns ist. Deswegen muss das Thema in uns stecken, autobiografisch tief begründet sein.

Lebensabschnittsthemen

Es hilft uns wenig, wenn das Thema zu sehr an den Bedürfnissen eines Lebensabschnitts und seiner Erfahrungs- und Erinnerungs-werte hängt. Denn wir leben heute oft schneller, als wir schreiben können. Und was uns in einem Lebensabschnitt interessiert, ist einige Jahre später oft schon nicht mehr relevant für uns. Stellen Sie sich beispielsweise eine junge Frau vor, die über männliche Sexualität einen satirischen Roman schreibt. Sie heiratet, bevor sie die Überarbei-tungen abgeschlossen hat, und bekommt ein Kind. Das Thema wird womöglich zurückstehen vor den Aufgaben, die sie nun beschäfti-gen. Die Liebe zu ihrem Kind lässt in ihr den Wunsch entstehen, ein Kinderbuch zu schreiben. Bevor sie aber dieses Buch beendet, ist das Kind älter geworden, ein Jugendbuch soll nun geschrieben werden.

Nicht selten leben wir schneller, als wir es schreibend verarbeiten können. Wenn ich meinen Schreibprozess zu eng an meine äußerli-chen autobiografischen Erfahrungen anlehne, kann es leicht zu solch einer Entwicklung kommen. Fragen Sie sich doch einmal, ob Ihnen Ihr Schreibvorhaben theoretisch in allen Lebensphasen wichtig gewesen wäre oder ob es nur auf einer momentanen Laune, Idee oder einem aktuellen Erlebnis beruht. Wenn es das tut, ist die Gefahr grö-ßer, dass Sie es verwerfen und nicht zu Ende bringen, sobald ernst-hafte Schwierigkeiten beim Schreiben auftreten oder Ihre Lebenssi-tuation sich ändert.

Stellen Sie sich vor, dass jemand in seinem Spanienurlaub eine außergewöhnliche Liebesgeschichte erlebt. Besondere Emotionen, Gespräche, Erlebnisse – etwas, womit derjenige nicht gerechnet hat. Die Person kehrt nach ihrem Urlaub zurück und beschließt, noch im Fieber des Erlebens, einen Roman zu schreiben. Sie beginnt im September und schreibt, von den Erlebnissen getragen, bis Weihnachten siebzig, vielleicht achtzig Seiten, die ihr brauchbar erscheinen. Dann ist Weihnachten und sie hat viel zu tun, nach Weihnachten liegt sie im Januar zwei Wochen mit Grippe im Bett und braucht anschließend zwei, drei weitere Wochen, um alles abzuarbeiten, was liegen geblieben ist. Anfang März erinnert sie sich daran, dass sie ja noch einen angefangenen Roman fertigzustellen hat. Nur hat sie inzwischen eine neue Beziehung und weiß nicht, wie der neue Lebenspartner darauf reagiert, dass sie einen Roman über seinen oder ihren Vorgänger schreibt. Das wirkt wenig motivationsfördernd, und da die Erinnerungen bereits ein wenig verblasst sind, macht sie sich ohne Elan ans Werk, bringt im April und Mai noch mal dreißig Seiten zusammen. Im Juli entschließt sie sich, wieder Urlaub zu machen, diesmal geht es nach Afrika. Sie erlebt auf der Reise Straßenkinder, Slums, das Elend in afrikanischen Städten, was sie sehr erschüttert. Zurückgekehrt aus dem Urlaub schlägt sie sich an den Kopf: Wie konnte sie nur einen Liebesroman schreiben wollen? Über soziale Ungerechtigkeit muss man schreiben. Das Leiden der Kinder, die ihr Leben in Armut fristen, das ist das Thema, das sie nun realisieren will. Sie beginnt im September mit ihrem neuen Roman und man kann sich vorstellen, wie es ausgeht. Das macht diese Person zwei- oder dreimal und dann entscheidet sie sich dazu, das Schreiben aufzugeben, weil sie ja sowieso nichts zu Ende bringt.

Liebe und soziale Ungerechtigkeit sind beides wichtige Themen, über die man schreiben soll oder muss. Aber es sind nicht ihre Themen gewesen. Es waren nur Themen einer vorübergehenden Lebensphase und hatten zu wenig mit dem zu tun, was ihr Fühlen, Denken und Handeln, ihre ganze Persönlichkeit auszeichnet, das »Beste«, was in ihr steckt.

Was ist das? Vielleicht ist es Verzweiflung, die einen zum Schreiben bringt. Es ist das Gefühl, dass man auf manche Lebensfragen nur eine Antwort findet, wenn man einen Roman schreibt. Damit meine ich nicht Traumata und andere psychische Wunden, für deren Bewältigung ein Therapeut herangezogen werden sollte. Nein, es sind die Lebensthemen und Geschichten, die in jedem stecken, die verwirklicht werden wollen, weil sie – oft ohne, dass man es bemerkt – das Leben bestimmen. Das ist das Beste, was Sie haben. Die Kerngeschichten.

Auch wenn man veröffentlichen will, kann es leicht geschehen, dass man sich von seinem Thema ablenken lässt und etwas schreibt, was den momentanen Interessen von Verlagen entgegenkommt. Man fühlt sich von dem Hinweis, ein vermarktbares Buch zu verfassen, verführt, die eigenen Themen hintanzustellen. Nicht wenige stellen aber bald fest, dass der Versuch, an den eigenen Interessen vorbeizuarbeiten, vielleicht ein handwerklich sauber geschriebenes Produkt ergibt, auf Dauer aber nicht befriedigt. Dann sieht man nach einiger Zeit, dass der Aufwand des Schreibens sich nicht lohnt im Verhältnis zum Verdienst und, schlimmer noch, die persönliche Zufriedenheit ausbleibt.

Kapitel 3:

Kerngeschichten

D er Begriff der Kerngeschichte stammt von Barry Lane und wurde von mir 1995 ins Deutsche übersetzt. Es ist ein Begriff, der unscharf klingt, aber sehr deutlich einen Aspekt aufzeigt, auf den es beim Schreiben von Romanen ankommt.

Kerngeschichten sind mit unserer Persönlichkeit eng verknüpft. Jeder Mensch hat mindestens eine Kerngeschichte, manche auch mehrere. Sie erscheinen zu verschiedenen Zeiten unseres Lebens mit unterschiedlicher Wichtigkeit. Manchmal sind sie auch beständige Begleiter unseres Daseins, ohne dass wir es bemerken.

Es sind Geschichten, die wir immer wieder erzählen und erzählen *müssen*. Sie erscheinen in unserem Leben wie beständig wiederkehrende Träume. Oft wissen wir nicht, was sie bedeuten und warum wir sie träumen. Aber wir wissen, dass sie für uns eine Bedeutung haben, dass hinter ihnen etwas steckt, was in unserem Leben eine große Rolle spielt. Wir können diese Träume deuten und deuten lassen. Das muss aber nicht dazu führen, dass sie nicht wiederkehren. Vielleicht verändern sie sich, treten in anderer Gestalt auf, und tatsächlich verschwinden sie auch manchmal und wieder begreifen wir nicht, warum das geschieht.

Auch Kerngeschichten erzählen wir immer wieder, oft in neuer Gestaltung und in unterschiedlicher Form. Der grundlegende Inhalt ist aber derselbe, auch wenn andere Figuren, andere Schauplätze und andere Handlungen vorkommen. Wir kennen unsere Kerngeschichten nicht immer, bevor wir zu schreiben beginnen. Meistens lernen wir sie erst im Laufe des Schreibprozesses kennen.

In diesen Kerngeschichten tauchen Lebensmuster aus unserer Vergangenheit und Gegenwart auf, Handlungsweisen, aber auch unsere Haltung zur Welt, wie wir uns in ihr begreifen und welche unbewussten Strategien wir anwenden, um uns in ihr zu bewegen. Unsere psychologische Entwicklung oder vielleicht sogar ihr Ergebnis zeigt sich in ihr.

Kerngeschichten haben also wenig zu tun mit traumatischen

Erfahrungen. Traumatische Erfahrungen sind etwas völlig anderes. Wir erinnern Traumata zwar genau, wenn wir sie nicht verdrängen, aber es bedeutet eine große Anstrengung, über sie zu schreiben, und erfordert nicht selten therapeutische Begleitung.

Kerngeschichten hingegen sind nichts, vor dem man sich fürchten muss. Im Gegenteil: Es ist spannend zu erleben, welche Lebenshaltungen man einnimmt und wie sie den künstlerischen Prozess prägen. Durch Kerngeschichten kann man im Schreiben auch ein Stück Selbsterkenntnis erlangen. Wenn man feststellt, dass alle Geschichten, die man schreibt, von einer Reise handeln, dass alle Figuren, so unterschiedlich sie sein mögen, sich immer in Transiträumen oder im Niemandsland befinden, wenn Geschichten nur an Zwischenorten wie Bahnhöfen und Wartehallen spielen, die Figuren immer unterwegs sind, dann erleben wir, wie sich in den Texten eine Kerngeschichte des Autors zum Ausdruck gebracht hat. Dem Autor ist dieser Vorgang anfangs gar nicht bewusst. Am Ende staunt er, dass seine Figuren, ganz gleich wo die Geschichte spielt und wie alt sie sind, doch alle ähnliche Ziele und Einstellungen haben.

So haben in vielen Geschichten, die ich geschrieben habe, die Figuren einen verhältnismäßig niedrigen Aktivitätsgrad, sie versuchen nicht, ihr Leben selbst in die Hand zu nehmen, durch Handlungen und Gespräche ihre Pläne zu realisieren, sondern reagieren auf äußere Einflüsse. Sie warten passiv darauf, dass etwas geschieht, sie erhört oder gehört, gerettet und irgendwo hingebracht werden. Da viele meiner Figuren sich in dieser zaudernden Weise verhalten, nehme ich an, dass die Geschichte, die ich erzähle, etwas mit mir und der Zeit, in der ich lebe, zu tun haben muss. Das sind nur zwei Beispiele für zahllose Möglichkeiten von Kerngeschichten. Solche Lebensmuster sind nicht krankhaft, sondern zeigen, wie der Mensch gelernt hat, sein Dasein zu gestalten.

Kerngeschichten gründen nicht nur in der eigenen Psyche und Vergangenheit, soziale Begegnungen prägen sie genauso: wie wir gelernt haben, auf Menschen zuzugehen, was wir an ihnen erkennen, wie wir uns ihnen gegenüber verhalten. Alle Erfahrungen, die wir mit Lebenspartnern, Familie, Verwandtschaft, Freunden und Nachbarn gemacht haben, können in solche Kerngeschichten einfließen und sie formen. Sie bilden sich als soziale Identität in uns aus. Dabei reflektieren die wenigsten Menschen, warum sie sich den anderen gegenüber in der einen oder anderen Weise verhalten. Durch das Schreiben werden Lebens- und Verhaltensweisen in Worten fixiert und es ist erstaunlich, was man daraus erkennen kann.

Neben den psychischen und sozialen Momenten gibt es noch einen dritten wichtigen Bereich, aus dem sich Kerngeschichten formen. Kerngeschichten haben mit der Kultur, Gesellschaft und Zeit zu tun, in der wir leben. Diese Einflüsse verbinden sich in Kerngeschichten mit unseren individuellen Erlebnissen. Sie gehen eine Einheit ein und zeigen, wie sich das Erleben unserer Zeit in der Persönlichkeit abbildet. Wir meinen manchmal ganz individuell zu handeln und machen dennoch Dinge, die viele Menschen ähnlich tun würden. Unsere Gefühle und Gedanken sind oft weniger einzigartig als wir glauben – sie entspringen häufig kulturellen Mustern, die unsere Gesellschaft prägen.

Das spiegelt sich in Bildern, Motiven und Symbolen wider, die wir beim Schreiben verwenden. Und natürlich im Thema. In einer ruhelosen Zeit werden wir seltener Geschichten zu lesen bekommen, die immer an den gleichen Orten spielen.

Dabei können es viele verschiedene kulturelle Einflüsse sein, die man in sich aufnimmt. Der Dreißigjährige Krieg hat in vielen Menschen, vor allem natürlich den reichen Bürgern und Adligen, ein intensives Empfinden für Tod und Vergänglichkeit und gleichzeitig den Wunsch ausgebildet, das Leben zu genießen und die verbleibende Lebenszeit prunkvoll zu nutzen. Und tatsächlich findet sich dieses polare Lebensgefühl in zahlreichen Gedichten und Prosastücken dieser Zeit. Im 19. Jahrhundert hingegen war dies überhaupt kein Thema. Die Gesellschaft war bürgerlich organisiert und es galt sich einzugliedern in das enge Gefüge der viktorianischen und wilhelminischen Lebensweise. Gefühle mussten reguliert, verleugnet werden, und deswegen finden wir in der europäischen Literatur von Russland bis Frankreich das Thema, das viele Menschen der damaligen Zeit zu beschäftigen schien: Wohin mit den Gefühlen, Leidenschaften, geheimen Wünschen, wenn man sich nicht verwirklichen durfte und die Ideale der bürgerlichen Gesellschaft an oberster Stelle standen?

Kerngeschichten berühmter Autoren

Oft können wir gar nicht analysieren, wie Kerngeschichten entstehen. Aber wir bemerken sie. Auch bei solchen Autoren wie Kafka. Er erzählt im Grunde immer wieder dieselbe Geschichte. Sie handelt von den Paradoxien des Daseins, von der Ausweglosigkeit, der Unübersichtlichkeit unserer Welt. Das Käfer-Motiv, die Angst auf den Rücken zu fallen, nicht mehr auf die Beine zu kommen, steckt in vielen Kafka-Geschichten. In frühen Fassungen der »Hochzeitsvorbereitungen auf dem Land« taucht es ebenfalls auf, wurde aber wieder gestrichen. In den meisten seiner Texte steckt die Geschichte, unterwegs zu sein, in einer Situation zu leben, die keinen Ausgang anbietet, und der Leser weiß, dass kein gutes Ende zu erwarten ist, weil die Kräfte, die das verhindern, stärker sind als der einzelne Mensch: Man läuft durch einen endlosen Gang um schließlich überrascht festzustellen, dass man am Ende wieder am Anfang steht, weil man nicht gemerkt hat, dass der Gang gekrümmt ist.

Wenn wir die Person Kafka und seine Zeit betrachten, so sehen wir viele Hinweise dafür, warum sich diese Kerngeschichte in ihm bilden konnte. Da ist zuerst seine persönliche Situation: Auseinandersetzungen mit dem Vater, ein zwiegespaltenes Verhältnis zu Frauen. Aber da ist auch sein Beruf als Versicherungsangestellter, durch den er die Bürokratie und damit die Präzision dieser Maschinerie kennenlernte. Und da ist vor allem die Zeit, in der er lebte: die Moderne mit all ihren Erscheinungen. 1883 geboren, erlebte er die Massenmorde auf den Schlachtfeldern des Ersten Weltkriegs, den Niedergang des K.-u.-k.-Reichs und seiner Wertvorstellungen mit dem Aufkommen von Psychologie, der Relativitätstheorie und all der anderen Erscheinungen der modernen Wissenschaft und Philosophie. Nach Elias Canetti hat das ganze Jahrhundert in Kafkas Werk seinen Ausdruck gefunden. Es hat sich in ihm verdichtet zu dieser Kerngeschichte, über die er immer wieder schreiben musste, als kenne er kein anderes Thema. So ist der Begriff des Kafkaesken nach dem Duden das, was einen auf rätselhafte Weise bedroht. Und diese Bedrohung hat nicht nur Kafka empfunden. Das macht den Wert einer Kerngeschichte aus und zeigt sich darin, dass ein Buch viele Leser findet.

35

Der Autor kann durch seine Kerngeschichte seine Persönlichkeit in seiner Zeit anderen Menschen verständlich machen. Nicht jeder hat die gleiche Kerngeschichte. Hilflosigkeit, Passivität, Ruhelosigkeit und Identitätsprobleme betreffen nicht jeden. Aber wir alle haben von diesen Problemen bereits gehört, können sie nachvollziehen und interessieren uns deshalb für sie, selbst wenn die Kerngeschichte nicht unser persönliches Problem darstellt.

Max Frisch beschäftigt sich in vielen Prosatexten mit dem Problem der Identität. Wer bin ich, was bin ich, von welchen Bedingungen hängt mein Ich ab? So heißen seine Bücher »Mein Name *sei* Gantenbein«. Sein Roman »Stiller« beginnt mit den Worten »Ich bin nicht Stiller«. Er beschäftigt sich mit der Frage, inwiefern das Leben von Schicksal oder Zufall abhängt. Wer bin ich, ist die große Frage des 20. und 21. Jahrhunderts. Wie gestalte ich mein Ich? Wie konstruiere ich meine Identität? Auch ohne Migrationshintergrund fragen wir alle uns: Wo gehöre ich hin?

Und weil wir uns alle diese Fragen schon einmal gestellt haben, können wir die Probleme der Figuren von Max Frisch verstehen und uns mit ihnen identifizieren. Das ist einer der Gründe, warum Max Frisch jahrzehntelang so viele Leser gefunden hat und immer noch findet.

Auch wenn Identitätsprobleme nicht an erster Stelle seiner Lebensthemen stehen, muss sich der Leser in den Gedanken, die wir formulieren, wiederfinden. Das ist nur dann möglich, wenn er, wie Stephen King es in seinem sehr interessanten Buch »Das Leben und das Schreiben« formuliert: »… ein Echo seines eigenen Lebens und seiner Ansichten aus dem Buch vernimmt.« Dann tauche er tiefer in die Geschichte ein. King schreibt weiter, dass es nicht darum gehe, dies kalkuliert zu erzeugen: »Ich bin überzeugt, dass es unmöglich ist, diese Leserbindung vorsätzlich herzustellen, indem man den Buchmarkt wie ein Spion auf der Rennbahn abschätzt.« Sondern er hebt ebenfalls die Bedeutung persönlicher Erfahrung hervor. Und das ist für einen Thrillerautor wie Stephen King doch eine überraschende Aussage. Auch in Texten, die ein bestimmtes Genre bedienen, muss ein Autor seine Persönlichkeit in seinem Text verwirklichen – nicht nur auf der Oberfläche, sondern in allen Tiefen seines Daseins.

36

Stephen King nennt in seinem Buch »Das Leben und das Schreiben« seine Kerngeschichte: »In mir steckt die Liebe zur Nacht und zum quietschenden Sarg, ist halt so«, schreibt er. Und tatsächlich haben – laut dem ersten Teil seines Buchs – die meisten Erinnerungen, über die er schreibt, mit dem Tod oder dem Schrecken davor zu tun. Hätte er kein Interesse an diesen Dingen, so könnte er vermutlich auch nicht so erfolgreich Horrorliteratur schreiben. Anders gesagt: Es macht keinen Sinn, über ein Thema zu schreiben, das man innerlich ablehnt. Stephen King schreibt, dass er seine Bücher niemals plant, sondern auf den Schreibfluss, die Intuition vertraut. Das kann er meiner Meinung nach deswegen, weil er den Themen seiner Bücher persönlich so nahe steht, er lässt zu, dass sich seine Kerngeschichte in den Text einschreibt. Und weil er im Grunde das selbst lebt, was er schreibt, wirkt das Geschriebene auch authentisch. Natürlich könnten wir alle versuchen, einen Horrorroman zu schreiben. Wenn wir genügend handwerkliches Wissen über Genre und Form gesammelt hätten, könnten wir sicherlich ein brauchbares Werk erzeugen, das den Bedürfnissen des Lesers gut entspräche, also sauber und spannend geschrieben gute Unterhaltung böte. Aber ich glaube nicht, dass dieses Buch sehr erfolgreich wäre, weil wir diesen Text ohne authentisches Fenster, ohne innere Beteiligung nach einem bestimmten Format geschrieben hätten. Leser merken, ob ein Autor an seinem Text wahrhaftig, mit dem Druck des inneren Pulses arbeitet oder ob er nur in der Retorte ein Textprodukt erzeugt.

An den Kerngeschichten liegt es, dass manche Autoren in ihren Texten immer wieder dasselbe Thema umkreisen. Sie schreiben vier oder fünf Romane, bis es Ihnen endlich gelingt, darüber so viel schreibend zu erfahren, dass sie es schließlich erschöpft haben und sich anderen Themen zuwenden können. Das erklärt auch den Effekt, den Verlage fürchten: Manche Autoren wollen oder können nur ein Buch schreiben. Wenn es ihnen gelungen ist, die Kerngeschichte in Worte zu bannen, dann verlieren sie jegliches Interesse am Schreiben. Oder sind nie mehr zu so einer Leistung fähig.

Wie aber finden wir unsere Kerngeschichten, wie nutzen wir sie beim Schreiben und wie beeinflussen sie den Schreibprozess?

Wie man seine eigenen Kerngeschichten findet

Kerngeschichten lernt man meistens durch das Schreiben kennen. Man erkennt sie nicht beim ersten Text, den man schreibt – aber im Laufe der Zeit stellt man selbst fest oder hört von Lesern, dass sich der zentrale Inhalt, das Verhalten von Figuren oder das Thema vieler Texte ähnelt. Man kann darüber nachdenken, man kann, wenn man diese Geschichte kennt, bewusst versuchen, Varianten zu finden, die Geschichte auf den Prüfstand stellen, verschiedenen Szenarien aussetzen. Was wäre wenn dies oder jenes passierte oder etwas anderes – bleibt die Handlung gleich? Da sich Kerngeschichten meistens in den Figuren konkretisieren, lernt man, mit seinen Figuren souveräner umzugehen.

Kerngeschichten treten oft auf, ohne dass man sie gleich bemerkt. Man stellt beim Schreiben eines Textes auf einmal fest, dass sich der Inhalt in eine andere Richtung bewegt, dass das geplante Thema an Bedeutung verliert, die Figuren anders zu handeln beginnen als geplant. Besonders anfällig für diesen Prozess sind Textpassagen, die schnell und intuitiv geschrieben sind, in einem kreativen Fluss, in dem sich Wort an Wort, Satz an Satz mühelos aneinanderfügen. Die Fäden der Kerngeschichte schlingen sich dann um das Geschriebene, umziehen die Ideen, lenken sie in eine andere Richtung, ein neues Thema taucht auf, neue Motive wechseln die alten ab, überziehen sie mit einer neuen, ungeplanten Geschichte – man gibt nach, da die neue Geschichte, die sich hier entwickelt, auch spannend klingt und man ungern den Schreibfluss unterbricht. Oft merkt man gar nicht, was mit dem Text passiert, und wundert sich am Ende, dass das Geschriebene so gar nicht zum Anfang passen mag. Die neue Geschichte erstaunt und wirkt gleichzeitig vertraut, wenn man auch nicht begreift warum. Man steht vor einem Rätsel und weiß nicht, was man tun soll. Die Kerngeschichte hat sich gefunden und das Gefühl, die neue Geschichte trägt weiter als die alte, trügt einen oft nicht.

Neue Blickwinkel, ein neuer Aspekt, ein anderer Ton. Das geschieht manchmal ganz schnell. Sogar bei Übungsaufgaben kommt es vor, dass es Teilnehmern trotz aller guten Vorsätze nicht gelingt, das Übungsthema zu bearbeiten, die Kerngeschichte setzt sich gegen das von mir gestellte Thema durch, nach einer halben Seite schon entwickelt sich auf dem Papier etwas ganz anderes – wie sollte es auch anders sein, denn wenn man schreibt, schreibt man in irgendeiner Weise immer über sich selbst und das setzt sich meistens durch.

Man sollte solchen Momenten dankbar sein, denn hier zeigt sich das eigentliche Thema. Und es ist gleich, ob man das Thema im Laufe seines Schreibens selbst entdeckt oder ob Leser einem die Rückmeldung geben. Bei Werkstattlesungen kommt es mitunter vor, dass Zuhörer bei weniger gelungenen Texten anmerken, einzelne Textpassagen hätten dennoch so interessant geklungen, dass man dort ansetzen und daran weiterarbeiten sollte. Der Leser kann aus seiner Distanz mitunter deutlicher als der Autor interessante Aspekte aus dessen Text wahrnehmen.

Die Kerngeschichte macht sich bemerkbar und setzt sich nicht selten gegen die Absichten des Autors durch. Wenn wir später Schreibprozesse besprechen, kommen wir auf solche Momente zurück und zeigen, wie unvermeidlich und mit welcher Macht sie dem Autor gegenüberstehen.

Schreiben – besonders das Schreiben von längeren Texten – ist ein dynamischer Vorgang, der vielen Einflüssen ausgesetzt ist. Man kann sich diesen Einflüssen nicht verschließen, man sollte es vielleicht auch nicht. Es ist wohl das Beste, mit offenem Sinn zu schreiben, gespannt darauf, was passiert. Das unbewusste Denken und Fühlen arbeitet nicht gegen uns, im Gegenteil, es gibt uns Hinweise auf die eigentliche Geschichte. Das hat noch nicht viel mit Handwerk zu tun, es ist aber die Voraussetzung, um das Handwerk des Schreibens mit all seinen Fertigkeiten anwenden zu können.

Auch mit viel Schreiberfahrung ist man nie vor seinen Kerngeschichten sicher. Oft finden sie sich von selbst beim Schreiben ein. Dennoch ist es unverzichtbar, immer wieder nachzudenken, welche Themen wichtig genug sind, dass es sich lohnt, über sie zu schreiben. Wenn wir uns auf diese Weise inspirieren lassen und gleichzeitig über die Inspiration nachdenken, finden wir die richtigen Themen. Wir können darauf vertrauen, dass das, was wir schreiben, für andere Menschen so interessant ist, dass sie nicht darauf verzichten wollen, unsere Texte zu lesen.

Teil 2:

Der Schreibprozess

Kapitel 4:

Die ersten Ideen, ein vager Plan und die Figurenkonstellation

An dieser Stelle möchte ich auf den Entstehungsprozess des Romans »Die Haut der Steine« zu sprechen kommen, denn ich muss, bevor ich im nächsten Kapitel beginne, die handwerklichen Fragen zu erläutern, zum Ausgangspunkt zurückkehren, zu mir und meiner Situation, in der ich an diesem Projekt zu arbeiten begann.

Ich kannte meine Kerngeschichten nicht, nicht einmal den Begriff »Kerngeschichte«. Ich studierte Kulturwissenschaften und wollte schreiben, ich hatte das Gefühl, schreiben zu müssen. Es machte schon damals einen wesentlichen Teil meines Lebens aus. Wenn ich zurückblicke, sehe ich deutlich, wie meine Kerngeschichten damals in mir steckten und verschiedene Motive des Romans hervorbrachten. Es waren unbewusste Vorgänge, welche die Entwicklung meiner Ideen steuerten. Hinter all dem stand der Plan, einen Roman zu schreiben. Ich hatte bereits einige kleinere Literaturpreise mit meinen Erzählungen errungen, ich kannte die Lektorin eines großen literarischen Verlags und wenn ich ihr begegnete fragte sie mich: »Wann schreiben Sie eigentlich mal etwas Längeres?«

Ich entschloss mich dazu an einem Vormittag in einem Café in der Pause zwischen zwei Seminaren. Ich hatte in diesem Semester wenig zu tun. Ich hatte keinen genauen Plan. Ich sagte mir ganz einfach: Heute fängst du an.

Selten, dass man überhaupt keine Vorstellung davon hat, was man schreiben könnte. Ideen für Themen, Figuren, Handlungsfragmente schwimmen doch immer durch die Gedanken. Im März 1978 begann Umberto Eco seinen bekanntesten Roman von solch einer vagen Idee getrieben: Er empfand den Drang, einen Mönch zu vergiften. In solcher Weise konzentrieren sich vage Ideen auf einen Punkt. Oft will man über eine bestimmte Figur schreiben oder ein Ereignis, das man erlebt hat. Manchmal hat man auch nur ein Gefühl, ein bestimmendes Lebensgefühl, das man zum Ausdruck bringen will. Wir werden sehen, wie sich alle drei Momente miteinander verbinden und wie sie voneinander abhängen.

Der Ausgangspunkt der »Haut der Steine« war bei mir das Lebensgefühl, das sich in meiner Jugend in einer Neubausiedlung in Süddeutschland gebildet hatte. Es war die Zeit zwischen 1970 und 1990, in der unsere Gesellschaft noch andere Prioritäten setzte. Es herrschte kein Mangel. Auf eine behütete Kindheit folgte eine sorgenfreie Jugend ohne übermäßigen Leistungsdruck, aufgehoben, in materiellen Wohlstand wattiert. Es war die Generation, die später von Florian Illies als »Generation Golf« beschrieben wurde. Deren höchstes Lebensglück darin bestand, am Samstag zu baden und dann in einen weichen weißen Frottee-Bademantel gehüllt »Wetten dass …« anzuschauen.

Ein Lebensgefühl

Ich lebte in einer Reihenhaussiedlung mit beiden Elternteilen, frühstückte sonntags auf der Terrasse eines rechteckigen Gartens, hatte nur wenige Meter zu Fuß zur Schule zu laufen. Wir fuhren zweimal im Jahr in den Urlaub. Hartz IV, G8 – all die Resultate einer Gesellschaft, die sich zu immer stärkerer Leistungsoptimierung entwickelt, ohne den Menschen in seiner Bedeutung und Entwicklung zu berücksichtigen – das gab es damals nicht. Mit Sozialhilfe wurde bei schlechten Noten gedroht, abstrakt und daher unvorstellbar, man wusste nicht, was das wirklich bedeutete. Es gab keine Vereine, die Essen an Arme verteilen mussten. Der Begriff »soziale Not« erinnerte an eine überwundene Zeit, an das 19. Jahrhundert, hatte mit uns nichts zu tun. Auch politisch war es eine ruhige Zeit. Natürlich gab es die Nachrüstung, Wackersdorf, dann Tschernobyl, aber verglichen mit den Verwerfungen und Unsicherheiten von heute gab es keine existenziellen politischen Auseinandersetzungen, die einem Jugendlichen ernsthaft zu denken geben mussten.

Verglichen mit südamerikanischen Diktaturen oder den Verhältnissen in Osteuropa lebten wir in einer friedlichen und ruhigen Situation, nachdem unsere Eltern das Desaster des Zweiten Weltkriegs psychisch zu bewältigen begonnen hatten und die Gesellschaft neu gestalteten.

44

Was sollten wir also noch tun? Da war wenig, was man hätte aufbauen können, genauso wenig, was sich zu zerstören gelohnt hätte. Wir trieben mit hoher Geschwindigkeit wie Satelliten durch unser Dasein, nahmen unzählige Signale auf, gaben sie wieder ab, drehten uns um uns selbst – immer in einer gewissen Distanz zu dem, von dem wir annehmen konnten, dass es wichtig ist; was das aber genau war, wussten wir nicht. Und so blieb die Orientierungslosigkeit, die Frage, was wir mit unserem Leben anfangen sollten. Vielleicht war dies der Grund, warum sich an der Schule, in die ich ging, immer wieder Schüler das Leben nahmen oder zu nehmen versuchten. Die Fassade des Wohlstandsglücks wurde von solch schrecklichen Ereignissen durchbrochen, was das Gefüge unseres Daseins eine Zeit lang störte.

Ich empfand immer wieder eine tiefe Leere und ich glaube bis heute nicht, dass sie allein durch Jugend und Pubertät bedingt war. Sie wurde durch das Gefühl hervorgerufen, keine Aufgabe und kein Ziel zu haben, außer den Aufgaben, die einem von außen auferlegt wurden.

Dieses Lebensgefühl prägte mich und bildete die Grundlage für den Roman. Es war etwas, das nicht nur von mir, sondern von anderen ebenfalls empfunden wurde und – ohne dass ich es wusste – auch für zeitgenössische Autoren den Ausgangspunkt für ihre Romanprojekte hervorbrachte.

Vom Gefühl zur Idee

Damit aus einem Gefühl die Idee für einen Roman entstehen kann, braucht man Figuren, die zum Träger dieses Gefühls werden können. Bei mir war es ein weiteres autobiografisches Moment, das mit diesem Lebensgefühl zu einer Romanidee zusammenwuchs, von der ich nicht mehr lassen konnte. Es waren tragische Ereignisse und die Erfahrungen, die sich daraus ableiteten, welche in mir erst die Kraft erzeugten, einen Roman über mein Lebensgefühl zu schreiben. Da war ein enger Bekannter gleichen Alters, der bei einem Autounfall vollständig gelähmt wurde und fortan in einer Klinik lebte. Ich weiß nicht warum, aber ich schaffte es nicht, ihn in dieser Klinik zu besuchen. Ein Versagen, das mich noch immer beschäftigt. Stärker noch, mit großer Wucht, traf mich der Autounfall meiner damaligen Lebensgefährtin, die mehrere Wochen im Koma lag.

45

Geschichten, die Tausende von Menschen jedes Jahr erleben müssen. Das wäre noch nicht Grund genug, darüber schreiben zu wollen. Aber die Erfahrungen, die sich mit den Umständen dieses Ereignisses verknüpften, waren für mich außergewöhnlich. Sie hatten mit Ausgrenzung, Täuschung und Verrat zu tun. Ich war schließlich nur der Lebensgefährte und gehörte nicht zur Familie, obwohl ich mit meiner Partnerin bereits seit Jahren zusammenlebte.

So waren es diese zwei autobiografischen Erfahrungen, die am Ende meiner Jugendzeit standen, die aber nicht nur mich betrafen, sondern andere genauso. Diese Erfahrungen wollte ich zu einer Geschichte zusammenschließen, da sie mich stärker als alle anderen Themen in dieser Zeit beschäftigten. Die Grundidee war geboren. Sie lautete in etwa so: Eine Gruppe junger Menschen, die mehr oder weniger ziellos durchs Leben treibt, um sich selbst kreist, trifft ein Schicksalsschlag. Er stört das Beziehungsgeflecht der Freunde, bringt sie ins Trudeln wie Satelliten, die ihre Steuerung verlieren, und lässt sie auseinandertreiben. Wie das Ganze ausgehen sollte, wusste ich nicht.

Die Figurenentwicklung

Ein vager Plan, aber ich konnte nun beginnen, die nächsten Schritte zu gehen. Ich bekam ein Notizbuch geschenkt und fing an, erste Ideen aufzuschreiben. Zu ihnen gehörte, das Bild der Satelliten in meinem Roman auf die Figurenkonstellation zu übertragen. So standen bei mir die Figuren am Anfang aller Überlegungen. Ich glaube, dass die Frage, ob eine Handlung oder die Figuren am Anfang stehen sollten, unwichtig ist. Jede Handlung trägt die Frage in sich, welche Figur sie ausführt, und jede Figur, die Potenzial hat, wird sofort Handlungsideen nach sich ziehen. Ich denke, dass das Finden von Figur und Handlung so eng miteinander verknüpft ist, dass es sich im Entstehungsprozess nicht trennen lässt. Das eine zieht das andere sofort nach sich.

Ich begann damit, mir die Personen vage vorzustellen, die in meinem Roman vorkommen könnten, und verknüpfte Eigenschaften mit ihnen, die ich von meinen Freunden kannte. Da war Johanna, die den Unfall erleidet, das Zentrum meiner Figurenkonstellation. Sie sollte von einem unbeugsamen Freiheitswillen erfüllt sein. Sie war mutig und wollte alles erleben, was man erleben kann. Nun mussten die Satelliten gefunden werden. Ich gab ihr eine Schwester, mit der sie symbiotisch verbunden war. Diese Schwester, ich nannte sie Judith, war viel häuslicher und zurückhaltender als Johanna. Das musste man nicht motivieren, denn jeder weiß, dass Geschwisterkinder in einer Familie oft ganz verschiedene Rollen einnehmen und spielen. Warum aber war sie symbiotisch mit Johanna verbunden? Weil sie Eltern hatten, die nicht richtig als Eltern funktionierten. Deswegen schlossen sich die Geschwister eng zusammen. Warum funktionierten die Eltern nicht als Eltern? Nun, der Vater war auf beruflichen Erfolg aus und wenig zu Hause, die Mutter einsam, allein gelassen, leicht depressiv und übernervös.

Schreiben heißt, sich selbst Fragen zu stellen und darauf Antworten zu finden. So tastet man sich von Idee zu Idee vorwärts, entwickelt langsam die Grundlagen der Figuren, ohne zu sehr ins Detail zu gehen. Es ist der Versuch, ein Bild der Figur zu entwickeln, sie langsam aus dem Nichts hervortreten zu lassen. Wie eine Gestalt, die einem im Nebel entgegenkommt, lange nicht deutlich zu erkennen ist, dann an Kontur gewinnt, immer deutlicher wird, auf den letzten Metern erst Farbe bekommt und schließlich in ihrer ganzen Persönlichkeit zu sehen ist. Dabei sind die Motivationen, die das Handeln einer Figur ausmachen, sehr wichtig. Jedes Detail, jeder Charakterzug muss begründet sein in der psychologischen oder sozialen Entwicklung einer Figur, weil der Leser sie sonst nicht versteht. Leser stellen beständig Fragen wie: Warum hat er dies oder jenes getan? Eigentlich hätte er doch ganz anders handeln müssen, wenn er schon ... Deswegen müssen wir diese Motivationen erarbeiten und es ist eine Arbeit, bei der wir vieles übersehen können. Wir müssen überlegen, welche Fragen im Kopf eines Lesers entstehen können. Wir müssen deswegen unser Konstrukt mit den Augen des Lesers sehen, es selbst befragen. Oder anderen Menschen von unseren Ideen erzählen und ihre Fragen kritisch prüfen.

Die Arbeit an der Schlüssigkeit einer Figur erscheint mir viel wichtiger als zahllose Details zu sammeln, welche die Figur »füllig« und »lebensecht« gestalten sollen. Es genügen wenige zentrale Eigenschaften, Besonderheiten, von denen man am Anfang weiß. Diese müssen aber ihre Gründe haben. Wir formulieren diese Gründe im Text nicht. Aber wenn eine Figur handelt, müssen wir wissen, warum sie es so und nicht anders macht. Es kann sein, dass eine Figur im Dialog oder in ihren Überlegungen darüber Auskunft gibt. Meistens aber erschließt sich der Leser indirekt aus dem Geschehen diese Motivation. Wir müssen also in dem Geschehen Hinweise geben, warum eine Figur in einer bestimmten Weise handelt.

Natürlich tauchen auch immer wieder Personen auf, die später nicht mehr zu gebrauchen sind. Man nimmt sie ein Stück des Weges mit und verzichtet später auf sie. Meistens ist es von Vorteil, mit großem Gepäck unterwegs zu sein, denn eine Figur, von deren Zweck man nicht überzeugt war, kann sich später dennoch als wichtig herausstellen und eine unverzichtbare Aufgabe übernehmen.

Judith und Johanna, meine Hauptfiguren, waren gefunden. Aber sie genügten nicht. Ich wollte zeigen, wie eine Gruppe junger Menschen umeinander kreist und woran es liegt, dass sie sich nicht näher kommen. Ich brauchte mindestens einen zweiten Satelliten, und so kam Anton hinzu. Anton war unsterblich in Johanna verliebt. Er hatte sie durch Judith kennengelernt, mit der er in einer Wohngemeinschaft lebte.

Aber Johanna interessierte sich nicht für ihn. Für sie war er nur in Bezug auf ihre Schwester wichtig. Anton litt darunter, aber er konnte nichts tun, außer sich nach ihr zu sehnen. Möglicherweise wusste sie gar nichts von seinen Gefühlen, weil er nicht fähig war, mit ihr darüber zu sprechen. Sie hatte es aber an seinem Verhalten sicherlich gemerkt, Judith zumindest wusste Bescheid. Als Johanna verreiste, versuchte er sich wieder auf das zu konzentrieren, was er eigentlich vorhatte. Er wollte auf der Kunstakademie in die Bildhauerklasse aufgenommen werden.

»Von der Akademie zu Johannas Wohnung waren es nur ein paar Schritte, für die er sich mehr Zeit ließ, als von zu Hause zur Akademie. Er beobachtete die Fenster ihrer Wohnung im vierten Stock, obwohl da kein Licht war. Er wechselte die Straßenseite, blieb im Schatten eines Hauseingangs stehen, konnte sich nicht entschließen, nach Hause zu gehen. Jeden Abend war er unterwegs, aber Johanna tauchte nicht auf.«

So kreiste Anton um Johanna, in der Stadt wie in seinen Gedanken versuchte er, sich ihr zu nähern, blieb aber allein.

Anton war für mich von allen Figuren am schwierigsten darzustellen, da er – anders als Judith – mir als Autor aus verschiedenen Gründen am nächsten stand. Viele glauben, es sei schwierig, sich in eine Figur anderen Geschlechts hineinzuversetzen, eine, die der eigenen Lebenswirklichkeit fern steht. Ich glaube, dass die meisten Probleme jene Figuren bereiten, die einem nahe sind, weil sie zu viel mit der eigenen Autobiografie zu tun haben und aus diesem Grunde leicht mit dem Autor in einer Weise verschmelzen, die ein freies, souveränes Erzählen erschwert. Solche Figuren gewinnen im Laufe des Schreibprozesses manchmal keine eigene Kontur und fügen sich als Schatten des Erzählers nicht organisch in den Text ein. Mir war dieser Aspekt glücklicherweise frühzeitig bewusst, weshalb ich versucht habe, deutliche Unterschiede zu meinem eigenen Denken und Leben zu finden. Ich wollte schließlich einen Roman schreiben und keine Autobiografie.

So ist Anton nicht der Lebensgefährte von Johanna, sondern nur hoffnungslos in sie verliebt. Hoffnungslos in dem Sinne, dass er in den Augen des Lesers nicht damit rechnen kann, erhört zu werden, und dennoch stur an seinen Gefühlen festhält. Ein Verhalten, das ich von Freunden kannte, mir aber fremd war. Auch ließ ich ihn nicht den Beruf des Schriftstellers erlernen, sondern den des Bildhauers, etwas, das ich selbst nie versucht habe.

Anton war aufgrund seiner Erziehung vollkommen unfähig, sich Johanna in Worten oder Taten zu nähern. Auch Judith gegenüber fehlten ihm die Möglichkeiten, seine Gefühle zu äußern, obwohl er ein starkes, romantisches Empfinden hatte. Er litt unter der Unfähigkeit, Momente, die Mut erfordern, zu gestalten, etwas, worin er mir wieder ähnelte. Genauso wie ich war er wenig aktiv, sondern wartete eher passiv darauf, dass ihm etwas passierte; eine Figur mit einer niedrigen Aktivität in Handlung und Kommunikation.

Das und nicht mehr wusste ich von meinen Figuren am Anfang, als ich die ersten Szenen zu schreiben begann. Diese ersten Ideen fügte ich in mein Satellitengeflecht ein und füllte mit ihnen die ersten Seiten meines Notizbuchs.

49

Die Figurenkonstellation

Hinzu kamen einige Nebenfiguren, die ich spontan einfügte. Ein älterer homosexueller Maler, der Anton den Weg in die Kunstakademie ebnen wollte – ich brauchte ihn schon bald nicht mehr als Figur und gab ihn auf. Henrik, der mit Judith schläft, aber kein weiteres Interesse an ihr hat. Er spielte in der Handlung die Rolle einer Nebenfigur, die einiges über Judiths Charakterzüge aussagt, und blieb erhalten.

Solche Skizzen helfen in einer frühen Arbeitsphase, um einen Überblick über die Figuren und ihre Beziehungen zueinander zu gewinnen. Sie erinnern an systemische Familienaufstellungen und haben ähnliche Funktionen. Sie loten aber nicht die psychologischen Verhältnisse und Konflikte zwischen den Figuren aus, sondern verschaffen uns einen Überblick, ob das gewählte Muster dramaturgisch stimmig ist, ob der Leser die Konstellation versteht und nachvollziehen kann. An so einer Skizze lassen sich typische Konstruktionsfehler erkennen: Eine Hauptfigur hat ungleich weniger Nebenfiguren als eine andere, was zu einer disharmonischen Figurencharakterisierung führt, wie in Beispiel 1. Die Verhältnisse zwischen den Nebenfiguren sind zu komplex angelegt, siehe Beispiel 2. Oder die Verhältnisse sind zu schematisch angelegt (Beispiel 3).

Eine grafisch klar strukturierte Konstruktion funktioniert auch im literarischen Text. Das Quadrat zum Beispiel: vier Hauptpersonen, die zusammen sechs Beziehungen entwickeln. Das ist gut zu überblicken und in einem Roman darstellbar. »Die Wahlverwandtschaften« von Goethe oder Martin Walsers »Ein fliehendes Pferd« zeigen, wie gut und klar solche Konstellationen umsetzbar sind. Viele Komödien sind ebenfalls in dieser Art konstruiert.

Auch ein Dreieck mit drei Hauptpersonen ist eine klare Struktur und leicht realisierbar. In einem Roman wird man auf eine erzählerisch interessante Umsetzung achten oder eine spannende Handlungsführung mit Nebenhandlungen konstruieren, damit die Figurenkonstellation auf die lange Strecke nicht zu schlicht wirkt. Fünf gleichwertige Hauptpersonen hingegen können zu unübersichtlich in der Gestaltung sein, wenn man ihre Beziehungen ausführlich darstellen will. Zumindest wird man über ein perspektivisches Konzept nachdenken müssen.

Skizze 1

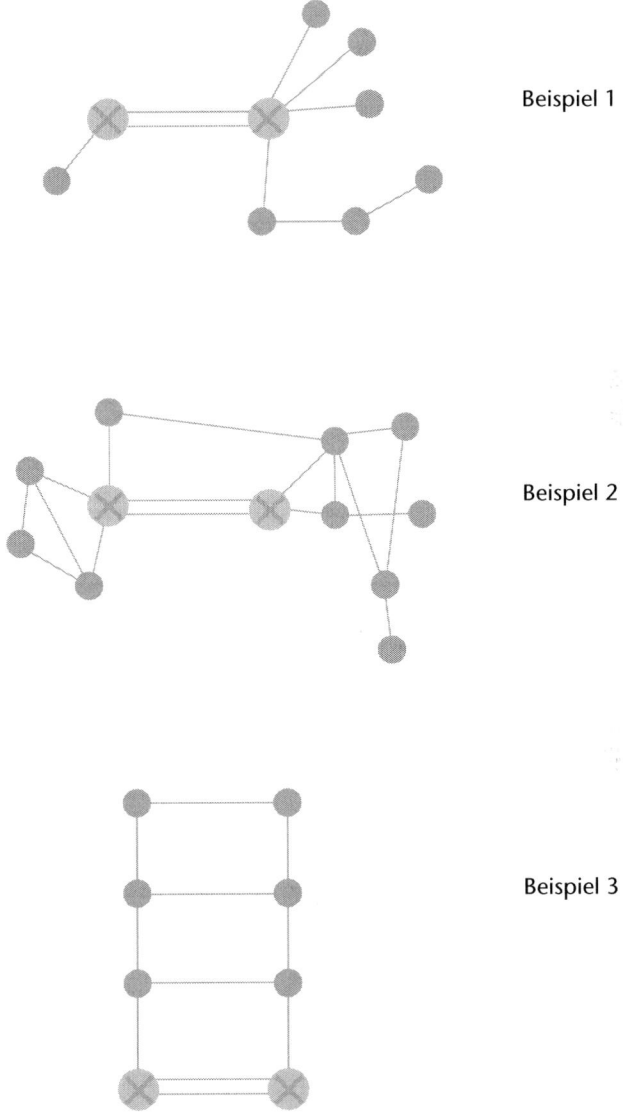

Beispiel 1

Beispiel 2

Beispiel 3

Dass solche Vorschläge nicht mehr als Faustregeln für die literarische Arbeit sein können, zeigt William Faulkner in seinem Roman »Als ich im Sterben lag«, der sechzig Kapitel aus fünfzehn Figuren-Perspektiven erzählt. Unnötig zu sagen, dass dieses stilistische Meisterwerk auch für einen geübten Leser zu Beginn nicht leicht zu durchschauen ist.

Skizze 2

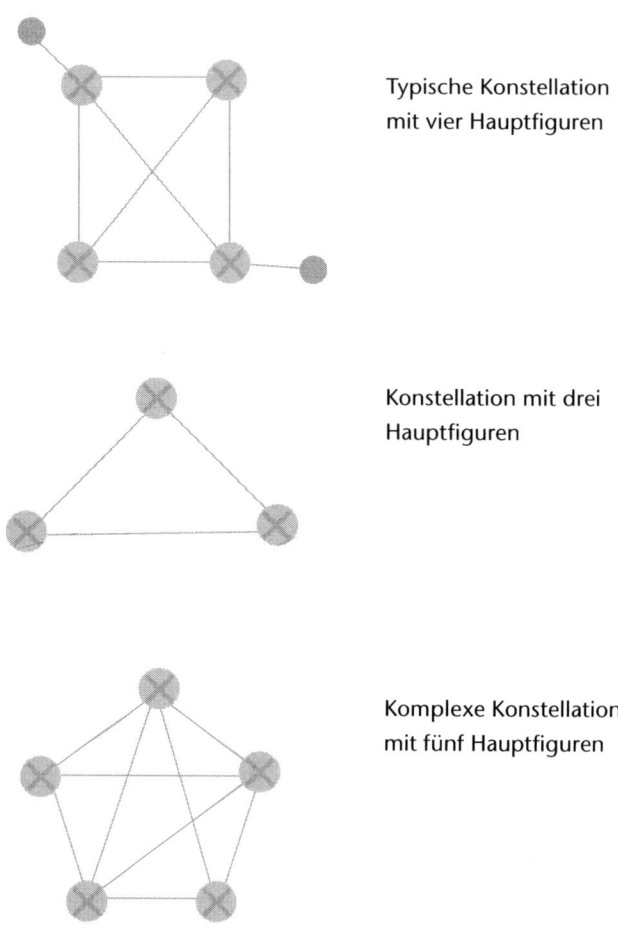

Typische Konstellation
mit vier Hauptfiguren

Konstellation mit drei
Hauptfiguren

Komplexe Konstellation
mit fünf Hauptfiguren

Wenn man eine Figurenkonstellation gefunden hat, kann man mit dem Schreiben beginnen. Meistens existiert ja schon eine grundlegende Handlungsidee, manchmal steht sie bereits vor der Suche nach den Figuren fest. Oder sie entstand oder entsteht gleichzeitig mit den ersten Überlegungen zu den Figuren.

Meine Handlungsidee hatte sich aus der Verbindung meines Lebensgefühls mit einem einschneidenden autobiografischen Ereignis gebildet. Zu der ersten Handlungsidee von den Satelliten, die durch den Verlust ihres Bezugspunkts ins Trudeln geraten, kam ein zweiter Keim, der durch einen Theaterbesuch entstand. Im Drama »Judith« von Friedrich Hebbel, das auf dem alttestamentarischen Buch Judit beruht, geht die gottesfürchtige und schöne Witwe unbewaffnet in das Lager des Heerführers Holofernes, der im Auftrag von Nebukadnezar Bethulien belagert. Sie verbringt die Nacht mit ihm, und als er erschöpft einschläft, enthauptet sie ihn und rettet damit ihr Volk. Es war eine Inszenierung, die mich sehr bewegte, weil dieses Motiv der Selbstopferung mir in meiner bürgerlichen Lebenswelt fremd war. Diese Faszination führte mich zu der eigentlichen Handlungsidee.

Als Judith erfährt, dass Johanna einen schweren Autounfall erlitten hat, gerät sie in eine ernste psychische Krise. Sie kann nicht mit ihrer Schwester sprechen, weil diese im Koma liegt. Sie versucht ihr mit allen Mitteln wieder nahezukommen. Dazu gehört auch, dass sie versucht, sich ein Bild davon zu machen, was Johanna erlebt hat. Sie möchte einen Autounfall sehen, um sich vorstellen zu können, wie Johanna das erlebt haben könnte. Als sie aber immer um die Unfallstellen herumgeleitet wird, beschließt sie, selbst einen Unfall herbeizuführen, um Johanna zumindest im Erleben des Todesmoments wieder nahe zu sein.

Eine kühne, abwegig erscheinende Idee, die einem als nicht einfach zu motivieren erscheint. Aber sie faszinierte mich und bildete den Ausgangspunkt für alle weiteren Überlegungen. Sie war eine zentrale Handlungslinie und hat sich im Verlauf der Arbeit immer wieder verändert. Mit diesen Figuren und einem vagen Plan im Kopf begann ich zu schreiben.

Kapitel 5:

Erzählsituation und -perspektive, Gliederung und Anfang

Wenn man eine Handlungsidee, eine Ausgangssituation und vage Vorstellungen von seinen Figuren gewonnen hat, kann man schon fast beginnen. Einige Vorarbeiten stehen noch aus. Sie sind zwangsweise vorher zu erledigen, aber sie helfen, einen Überblick über das Projekt zu gewinnen und wirken sich auf die sprachliche Gestaltung aus.

Ich oder Er?

Als Erstes sollten Sie sich Gedanken machen, ob Sie den Roman in der Ich-Erzählsituation oder der personalen Erzählsituation, das heißt aus der Perspektive einer oder mehrerer Figuren, erzählen wollen. Diese werden dann mit Namen oder neutral als »er« oder »sie« bezeichnet. Meistens trifft man intuitiv die richtige Entscheidung. Falls Sie unschlüssig sind, erhalten Sie hier einige gedankliche Hilfen. Bedenken Sie beim Lesen des folgenden Absatzes, dass die Diskussion über die Erzählsituationen und den Erzähler zu den anspruchsvollsten und abstraktesten Themen gehört und weder einfach zu verstehen noch in Kürze zu erklären ist. Trotzdem soll hier ein kurzer Überblick gegeben werden.

Die Ich-Erzählsituation bedeutet, dass die Hauptfigur das Geschehene selbst erlebt hat. Wenn der Ich-Erzähler nur Teile des Geschehens erlebt hat, von dem er erzählt, oder wenn es sich um eine Nebenfigur handelt, dann sprechen wir von einem randständigen Ich-Erzähler. Solche Ich-Erzähler findet man beispielsweise in klassischen Detektivgeschichten als Gehilfen des Ermittlers, wie zum Beispiel Dr. Watson. Er kann das Geschehen miterleben, kennt aber nicht alle Gedankengänge des großen Detektivs, sodass die Spannung weiter erhalten bleibt.

Meistens blickt der Ich-Erzähler auf ein Geschehen zurück, das er selbst erlebt hat. Er erzählt es in zweierlei Weise, teilt sich auf in ein Ich, das von dem Geschehen erzählt (erzählendes Ich), und ein Ich, das die Handlung noch einmal durchlebt (erlebendes Ich). Beide Ich-Aspekte wechseln sich im Roman ab und tragen dazu bei, den Text lebendig zu gestalten.

Erzählendes Ich:
X als Rückblick aus seiner jetzigen Situation (das Geschehen kann schon viele Jahre zurückliegen)
X hat die Möglichkeit, den Leser direkt anzusprechen
X benutzt sprachliche Markierungen: »Damals wusste ich noch nicht ...«, und bewertet das Geschehen oft
Erlebendes Ich:
X erzählt aus der damaligen Sicht, als würde es die Szene noch einmal durchleben
X schildert das Geschehen aus seiner Perspektive, sodass der Leser das Gefühl hat, dabei zu sein
X kann nur das wiedergeben, was es damals wahrnehmen konnte

Da der Ich-Erzähler meistens noch lebt, wenn er die Geschichte erzählt, fürchtet sich der Leser weniger um ihn und interessiert sich vordergründig für die Frage: »Wie ist es passiert?« In vielen Texten der personalen Erzählsituation lautet die Spannungsfrage hingegen: »Was passiert jetzt?«

Diese personale Erzählsituation lässt sich vor allem dann einsetzen, wenn der Text für die Figur viele Überraschungen und Herausforderungen bereithält, Wendepunkte erlebt und der Leser den Ausgang der Handlung nicht erahnen kann. Diese Erzählsituation eignet sich für Geschichten, die nur wenige Schauplätze und überschaubare Handlungsstränge haben und somit keinen ordnenden Erzähler brauchen. In der personalen Erzählsituation erzählen wir ohne eine leibhaftige Erzählerfigur aus der Wahrnehmung einer oder mehrerer Figuren der Handlung. Wir können uns eine Kamera vorstellen, die das Geschehen aufnimmt und der sogenannten Reflektorfigur (durch die das Geschehen für den Leser reflektiert wird) auf dem Fuße folgt, in ihren Kopf hineinschlüpft und manchmal – besonders bei längeren Texten – auch das Geschehen aus räumlicher Distanz schildert und sogar wie in einem Zeitraffer beim Film das Geschehen zusammenfasst (»Tagelang ging er nicht mehr aus dem Haus ...«). Für Kurzgeschichten oder Novellen ist die personale Erzählsituation sehr gut geeignet, dort entfaltet sie ihre ganze szenische Kraft.

Bei einem Roman kommt man selten ohne Eingriffe eines Erzählers aus, selbst wenn der Text weniger als hundert Seiten umfasst. Der Erzähler rafft das Geschehen zusammen und gibt dem Leser verkürzt Informationen wieder, die nicht alle szenisch beschrieben werden können.

Eine gängige Methode, die wir in vielen Romanen vorfinden, ist daher die auktorialisierte personale Erzählsituation. Hier werden auf der Grundlage der personalen Erzählsituation einzelne Funktionen der auktorialen, d. h. der allwissenden Erzählsituation übernommen und vermischt. Ein allwissender Erzähler ist für einen Roman mit zahlreichen Figuren, Orten und Handlungsebenen geeignet, da er eine Ordnung im Text herstellen kann, indem er den Leser auf Zusammenhänge hinweist, verschiedene Ereignisse zusammenrafft oder einen kurzen Überblick gibt. Er kann Geschehnisse bewerten und kommentieren sowie eine eigenständige Haltung zu den Hauptfiguren einnehmen.

Allwissende Erzähler finden wir vor allem in den Romanen bis zum Ende des 19. Jahrhunderts; im 20. Jahrhundert parodiert wie bei Alfred Döblin in seinem Roman »Berlin Alexanderplatz«. Der auktoriale Erzähler tritt oft als Figur auf, die den Leser direkt anspricht: »Lieber Leser, diese Geschichte von der Entmietung des Hauses ist derart grauenvoll, dass du, wenn du ein schwaches Herz hast, von der Lektüre dieses Buches Abstand nehmen solltest.« Oft erleben wir ihn aber, wie er fast unbemerkt die Verhältnisse ordnet und den Leser durch die Geschichte führt, ohne sich selbst in den Vordergrund zu spielen: »Manchmal kann man ahnen, wie schwer es ist, einen Weg zu gehen. Manchmal stolpert man und weiß nicht, was man tun soll. Anton jedoch wusste immer genau, was er tun wollte. Er wollte mit Johanna zusammen sein, so oft es ging.«

Dabei gibt es zahlreiche Positionen, die ein auktorialer Erzähler einnehmen kann. Er kann ironisch oder zynisch das Geschehen kommentieren. Es gibt den unwissenden Erzähler, der die Geschichte nicht vollständig wiedergeben kann, und den unzuverlässigen Erzähler, der sich selbst im Erzählvorgang widerspricht.

Ich habe mich bei meinem Roman sehr schnell für eine personale Erzählsituation entschieden, da ich die Wege mehrerer Figuren verfolgen wollte. Man kann natürlich in einem Roman auch unterschiedliche Ich-Erzähler auftreten lassen, doch das erfordert vom Autor eine größere Anstrengung, den Text zu gestalten, als auch vom Leser, ihn zu lesen.

In der personalen Erzählsituation lassen sich die Gefühle und Bewusstseinsvorgänge von Figuren ebenso gut darstellen wie in der Ich-Erzählsituation. Der Leser identifiziert sich auch genauso stark mit Figuren in der personalen Erzählsituation, vielleicht sogar stärker, weil er das Geschehen mit der Figur zusammen erlebt und nicht von ihr erzählt bekommt.

Die Erzählperspektive und die Gliederung

Wenn man sich für eine Erzählsituation entschieden hat, muss man sich noch einige Gedanken zur Perspektive machen. Aus welcher Sicht wird der Text erzählt? Welche Figur steht im Vordergrund? Durch wessen Augen beobachtet der Leser das Geschehen? Oder wechselt die Perspektive zwischen verschiedenen Figuren?

Für »Die Haut der Steine« entschied ich mich, abwechselnd aus der Perspektive von Anton und Judith zu erzählen, da ich das Erleben beider Protagonisten gleichwertig stark zeigen wollte. Auch wenn Anton und Judith miteinander sprechen, wechselt die Perspektive nicht, sondern bleibt immer bei der Person, aus deren Sicht das Kapitel geschildert wird. Verbunden mit dieser Überlegung ist die Gliederung des ganzen Erzählstoffs.

Es ist nicht wichtig, dass man zu Beginn des Schreibens die gesamte Handlung oder gar das Ende kennt. Dass man seinen ganzen Text im Kopf haben muss, bevor man schreibt, ist ein Mythos, der gern wiederholt wird. Es gibt zahlreiche Beispiele dafür, dass es auch anders geht. Es kann aber durchaus von Vorteil sein, sich am Anfang einen ungefähren Überblick über seinen Erzählstoff zu verschaffen und diesen in inhaltliche Abschnitte, zeitliche Abschnitte oder auch nach den Handlungsorten zu gliedern.

Vorüberlegungen zur Gliederung des Erzählstoffs:

X In welchem Zeitrahmen spielt der Text?
X Lässt sich die erzählte Zeit in Kapitel gliedern und welche Länge haben diese?
X Lässt sich eine Grobgliederung nach räumlichen, inhaltlichen oder zeitlichen Abschnitten vornehmen?

Dabei ist die Frage nach dem Zeitrahmen des Textes bedeutend. Möchte man ganze Generationen einer Familie (wie in »Hundert Jahre Einsamkeit« von Marquez), ein ganzes Leben (wie in der »Blechtrommel« von Grass) oder nur einen kurzen Zeitabschnitt (wie in »Ulysses« von Joyce) beschreiben? Kann man diesen Zeitabschnitt in Teile und Kapitel gliedern?

Als Nächstes stellt sich die Frage: Aus welchem Blickwinkel erzählt man den Text? Beschreibt man den Text vorwiegend aus den Gedanken und Wahrnehmungen einer Figur (wie in der modernen Literatur) oder ist es aufgrund der starken Handlung (wie im Thriller oder Krimi) besser, vorwiegend aus der Außenperspektive zu schreiben?

Den Erzählstoff für »Die Haut der Steine« gliederte ich, ohne zu wissen, wie das genaue Ende aussehen würde, nach der Akteinteilung des klassischen Dramas in fünf Teile. Einerseits versuchte ich dadurch, Judiths Wunsch nach einer Schauspielkarriere durch ein formales Prinzip zu unterstreichen, andererseits schien mir die strenge Form bei dem experimentellen Ansatz als ein vernünftiges Gegengewicht, um nicht in dieser Welt verloren zu gehen. Tatsächlich hat sich die Überlegung bewährt, bis in die letzte Fassung hat sich diese Kapitelgliederung erhalten.

Im ersten Kapitel der Exposition wollte ich die Welt meiner Protagonisten darstellen. Diese Welt sollte aus Antons Perspektive erzählt werden. Johanna ist verreist und Anton läuft durch die Stadt, denkt über sich und seine Zukunft nach und wünscht sich Johanna wieder herbei. Im zweiten Kapitel, der Steigerung, wird Judith mitgeteilt, dass Johanna einen Autounfall hatte. Als sie nach Zürich zu ihren Eltern zurückkehrt, erfährt sie, dass der Unfall viel dramatischere Konsequenzen hat, als sie angenommen hatte. Sie gerät in Konflikt mit ihren Eltern und beschließt, in Zürich eine eigene Wohnung zu mieten, um sich von dort aus ungestört um Johanna kümmern zu können.

Vom dritten Kapitel (dem Höhepunkt) wusste ich zu diesem Zeitpunkt sehr wenig. Mir war nur klar, dass ich dieses Kapitel in drei Teilen erzählen würde, da ich ihm als Mittelstück ein besonderes Gewicht zukommen lassen wollte. Zuerst aus Antons, dann aus Judiths und schließlich wieder aus Antons Perspektive. Vom vierten Kapitel (der Retardation) und vom fünften (die Katastrophe) wusste ich ebenfalls kaum etwas, außer dass ich das vierte aus Judiths und das fünfte aus Antons Sicht erzählen würde.

Vorüberlegungen zur Perspektive:

X Aus welchem Blickwinkel wird der Text erzählt?
Personale oder auktoriale Erzählsituation:
X Aus wessen Perspektive erzähle ich den Text?
X Wird vorwiegend das Innenleben der Figur oder äußere Handlung beschrieben oder in welchem Verhältnis gemischt?
X Wechseln die Perspektiven während eines Kapitels oder wird ein Kapitel durchgängig aus der Sicht einer Figur erzählt?
Ich-Erzählsituation:
X Steht der Ich-Erzähler im Mittelpunkt oder am Rande?
X Wie weit liegt das Geschehene zurück, wenn der Ich-Erzähler zu erzählen beginnt?
X Gibt es eine Antwort auf die Frage, wem der Ich-Erzähler das Geschehen erzählt?

Solche Einteilungen bilden ein Gerüst, das man an verschiedenen Stellen mit Ideen bestücken kann. Es eignet sich besonders, wenn man nicht die Möglichkeit hat, regelmäßig, d. h. mehrmals in der Woche, an dem Text zu arbeiten und einen kontinuierlichen Handlungsfaden ohne größere Unterbrechungen zu entwickeln. Es ist auch geeignet, um sich nicht in Details zu verlieren, wenn die Geschichte umfangreicher wird.

Von dem bekannten Autor Heinz Piontek hat man erzählt, dass er anfangs nur einen ungefähren Handlungsfaden im Kopf hatte und diesen in Kapitel gliederte. Für jedes Kapitel habe er sich ein Schulheft gekauft und so lange Ideen hineingeschrieben, bis es voll war. Dann erst habe er das jeweilige Kapitel geschrieben.

Diese Methode erlaubt es, zu planen und gleichzeitig an verschiedenen Stellen des Romans zu arbeiten, denn die eigentliche Schreibarbeit am Text kann in kleinen Abschnitten erfolgen, die man in wenigen Arbeitsstunden erledigt, bevor man das nächste Teilstück, das man bereits vorbereitet hat, zu schreiben beginnt.

Ganz gleich, wie umfangreich die Vorarbeiten aussehen, irgendwann kommt der Augenblick, in dem man den ersten Satz auf das Papier oder in die Datei schreiben kann.

Der erste Satz

Der erste Satz eines Textes ist viel schwieriger zu finden als alle nachfolgenden Sätze. Er legt Rhythmus, Gestalt und Sprache des Textes fest, manchmal kann man an der Art und dem Umfang der Informationen, die in ihm stecken, die ungefähre Länge einer Geschichte ablesen. Wahrscheinlich ahnt das jeder und deswegen entsteht so etwas wie die Angst vor dem weißen Papier oder vor der großen Fläche einer neu geöffneten Textdatei, auf der einsam ein Cursor blinkt.

Eine sehr gute Methode, die Angst vor dem weißen Papier zu überwinden und den ersten Satz zu finden ist das »Clustering«, das Gabriele L. Rico entwickelt hat. Es ist ein nichtlineares Brainstorming-Verfahren, bei dem auf einem Blatt Papier Assoziationen zu dem Thema des Romans gesammelt werden – so lange, bis man einen ersten Satz im Kopf hat.

Man kann auch in einem Notizbuch alles, was einem zu der Grundidee des Romans an Fragmenten, Sätzen, Worten, Ideen durch den Kopf schwirrt, aufzeichnen. Das führt dazu, dass man das Unbewusste animiert, am Text mitzuarbeiten. Irgendwann stellt sich der erste Satz durch diese Vorarbeiten wie von selbst ein. Nicht selten geschieht das in sehr ungewöhnlichen Situationen, völlig unerwartet: beim Autofahren, im Bett vor dem Einschlafen oder wenn Sie mit Ihren

Skizze 3

Clustering

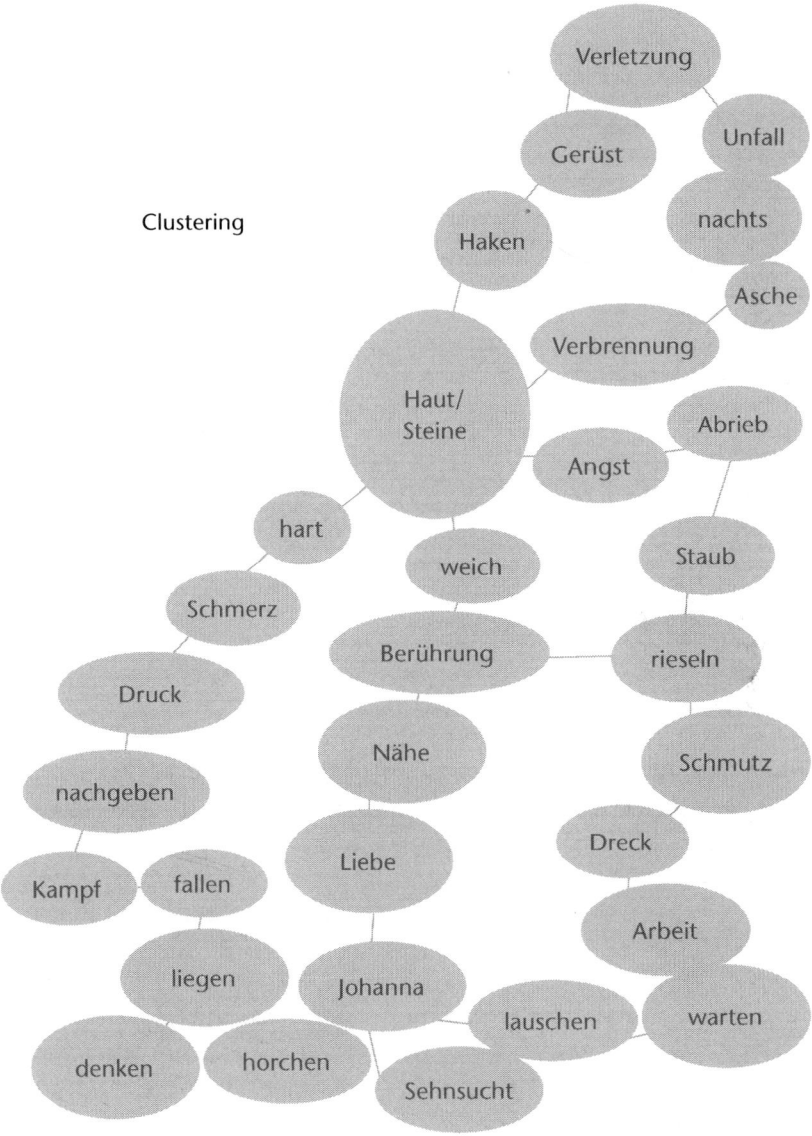

Gedanken ganz woanders sind. Deshalb empfehle ich, dass Sie sich mit der Handhabung eines Notizbuchs vertraut machen und immer eines bei sich führen. Trotz aller technischen Neuerungen wie Tablet-PCs oder Smartphones, in die sich eine Nachricht aufsprechen oder eintippen lässt, zeichnet sich ein Notizbuch durch absolute Verlässlichkeit aus. Wer weitere Hilfestellungen für das Verfassen des ersten Satzes sucht, kann sich auch von den verschiedenen Varianten der Romananfänge inspirieren lassen, wie sie die Literaturwissenschaft dargestellt hat. Einige wichtige Möglichkeiten seien hier kurz vorgestellt:

Der raumengende Anfang: Kein leicht zu schreibender, aber sehr häufig benutzter Anfang, der den Leser langsam in einem perspektivischen Zoom zu dem Geschehen hinführt:

> »In dieser Stadt gibt es Tausende von Häusern, die sich zu beiden Seiten des Flusses ausbreiten. Ganz in der Mitte dieser endlosen Steinwüste liegt das älteste Viertel, und viele, die hier leben, sind hier geboren, bekommen hier ihre Kinder, die in den Häusern weiterleben, wenn die Eltern gestorben sind. Es sind nur wenige enge Straßen, die dieses Viertel durchziehen, denn zwischen den Häusern liegen Hinterhöfe und in diesen Hinterhöfen findet das Leben statt, hier spielen die Kinder, sitzen die Alten. In einem der Hinterhöfe liegt ein …«

Dieser Anfang hat den Vorteil, dass der Leser über das Milieu oder die Landschaft, in welcher der Roman spielt, schon einige Informationen gewonnen hat, bevor die erste Figur auftritt. Dieser Anfang wirkt elegant, weil er in einem perspektivischen Schwung aus der Welt, die auch dem Leser vertraut ist, in eine bestimmte Szenerie einführt.

Der Anfang in nuce: Noch schwieriger zu schreiben, weil hier das wesentliche Geschehen bereits als Bild oder als kurze Szene vorausgeschickt wird. Dieses Bild wird mit einer symbolischen Bedeutung aufgeladen, die stellvertretend für den ganzen Roman steht. Der Anfang zeigt den Entwurf der Romanwelt als Bild mit Vorausdeutungen und Vorwegnahmen, welche der Leser oft erst am Ende des Buchs erschließen kann.

»Wie Satelliten sich um die Erde drehen, mit unheimlicher Geschwindigkeit bewegen, Signale aufnehmen und wieder abgeben, wie sie sich um sich selbst drehen und trotz dieser Bewegungen doch nicht irgendetwas in diesem Weltall näher kommen, sondern immer weiterrasen, bis sie schließlich müde geworden und steuerlos abstürzen und selbst dann nirgendwo mehr ankommen, sondern in der Atmosphäre als heller Punkt verglühen, was niemand sieht außer jenen, die ...«

Der Anfang ab ovo: Dieser Anfang ist typisch für einen Roman, der anhand von Figuren und Familiengeschichten eine Entwicklung zeigen will. Er setzt bei der Beschreibung des Geschehens ganz am Anfang an, zeigt die Vorbedingungen, beschreibt das Milieu, die Herkunft der Figuren, meistens bevor die eigentliche Handlung einsetzt. Autobiografien und autobiografische Romane nutzen häufig diesen Einstieg. Nur haben viele Leser heute nicht mehr die Geduld des 19. Jahrhunderts in sich. Deswegen ist dieser Anfang selten geworden.

»Seine Geschichte lässt sich in Zeiten zurückverfolgen, an die wir nicht mehr zu denken wagen. Seine Großeltern, Eltern waren begnadete Kaufleute, die es verstanden, trotz aller Widrigkeiten den Besitz zu mehren, zumindest aber vor Bedrohungen zu schützen. Selbst der große Krieg, der so viele Menschen alles verlieren ließ, vernichtete den Besitz seiner Familie nicht vollständig. Als er 1965 geboren wurde ...«

Der Anfang in ultimas res: Er erzählt den Roman von seinem Ende her, beginnt mit dem Schluss und führt dann das Geschehene als Rückblick aus. Obwohl der Leser das Ende kennt, bedeutet das nicht, dass solche Romane weniger spannend sind. Die Spannung eines Romans kann ja auch auf der Frage »Wie ist es passiert?« beruhen und nicht auf dem einfachen »Was passiert jetzt?«, wie wir oben schon angesprochen haben. Dieser Anfang eignet sich deswegen sehr gut für einen Roman, der in der Ich-Erzählsituation geschrieben ist oder einen auktorialen Erzähler hat.

»In diesen Stunden denke ich oft an die Zeit, in der wir noch in der Altstadt wohnten. Mit all unseren Träumen und Vorstellungen, die alle zerbrochen sind an diesem Tag, an dem Vleutz auftauchte. Vielleicht wäre es besser gewesen zu gehen. Vielleicht hätten wir versuchen sollen, woanders neu anzufangen. Aber wir konnten ja nicht wissen, wie schnell die Ereignisse uns ins Trudeln bringen, wie wenig wir noch den Fortgang unseres Lebens im Griff halten konnten.«

Der Anfang in medias res: Dieser Anfang ist kein typischer Romananfang, der langsam und bedächtig in die erzählte Welt einsteigt. Es ist ein Anfang, der mitten in das Geschehen springt, den Leser überrascht und – idealerweise – sofort gefangen nimmt. Solche Anfänge sind für Erzählungen und Kurzgeschichten typisch, aber auch im Roman werden sie immer häufiger verwendet, weil wir von Filmen einen solchen szenischen Einstieg gewohnt sind und unseren Texten dadurch eine stärkere Anfangsspannung verleihen können:

> »Aber als er in der Küche stand, als er ins Dunkel starrte, auf die kleine blaue stille Flamme des Gasofens, den Atem anhielt, um besser hören zu können, hörte er nichts mehr. Gar nichts konnte er hören. Weder Judith, die sich in ihrem Zimmer eingeschlossen hatte, noch das Geräusch, das ihn aus seinem gelockt hatte. Es war vollkommen still. So still, dass er die Augen schloss, um Johannas Gesicht zu sehen, sich an ihre Worte zu erinnern, mit dem Klang ihrer Worte die Stille zu füllen.«

So beginnt »Die Haut der Steine«, mit einem Anfang in medias res, einem Anfang, den ich erst gegen Ende der Arbeit an dem Roman geschrieben habe. Ich habe mich für diesen direkten Einstieg entschieden, weil am Anfang nichts Ungewöhnliches passiert und ich dem Leser gleich eine bestimmte Atmosphäre vermitteln wollte. Dabei habe ich gleichzeitig die zwei anderen Hauptpersonen über Anton schon kurz eingeführt. Eine weiteres Merkmal dieses Anfangs ist die Eröffnung des ersten Satzes mit den Wörtchen: »Aber als ...« Gerade wenn am Anfang des Textes nichts Außergewöhnliches passiert, kann man mit Wörtern wie »als«, »nun«, »endlich«, »doch«, »da« dem Leser suggerieren, die Geschichte habe bereits begonnen und er müsse sich beeilen, um noch das Wesentliche mitzubekommen. Da Leser mindestens so neugierig sind wie alle anderen Menschen, ist diese Methode ein geeignetes Mittel, um sie ohne Aufwand in die Geschichte zu ziehen. Achten Sie darauf, wie viele Texte mit einem derartigen Wort eröffnen. Darunter nimmt das Wörtchen »als« eine prominente Rolle ein. Der Satz »Anton stand in der Küche, starrte ins Dunkel, auf die kleine blaue stille Flamme des Gasofens, hielt den Atem an um besser hören zu können und hörte nichts mehr«, wirkt wesentlich schwächer, unbestimmter und verliert im zweiten Teil entschieden an Spannung. Ein weiteres, ganz einfaches Beispiel:

>»Sie wachte nachts auf und trat ans Fenster.«

Ein Satz, der nicht reizt, weiterzulesen, weil in ihm keine erzählerische Substanz, keine sprachliche Kraft steckt, er ist lediglich eine allgemeine Feststellung. Mit dem Wörtchen »als« hingegen klingt der Satz kräftiger:

>»Als sie nachts aufwachte, trat sie ans Fenster.«

Oder noch besser:

>»Als sie nachts aufwachte und ans Fenster trat, da …«

Bei diesem Satz sind wir gezwungen, nach vorne zu erzählen, ein weiteres Element in unseren Anfang einzubinden, etwas zu finden, was wir mit dem ersten Vorgang verknüpfen können – das könnte zum Beispiel eine Straßenbahn sein, die vor dem Fenster der Frau hält, aber sich nun zu einem unheimlichen Moment entwickelt, einem Geheimnis, einem rätselhafter Vorgang:

>»Als sie nachts aufwachte und ans Fenster trat, hielt eine Straßenbahn. Zwei Männer stiegen aus und blickten sich um.«

Der Leser wird weiterlesen, um zu erfahren, was passiert. Er wird durch die Verbindung der Elemente überzeugt sein, dass diese Männer und die Frau in irgendeine Beziehung treten werden. Auf diese Weise kann für das Geschehen Interesse wachgerufen und Anfangsspannung erzeugt werden. Der Leser ist durch dieses Mittel geneigt, den Text weiterzulesen, im Idealfall kauft er das Buch, nachdem er es in der Buchhandlung durchgeblättert oder die Probeseiten im Internet gelesen hat. Gleichzeitig muss der Anfang jeder Geschichte dem Leser Orientierung über das Geschehen verschaffen. Am Anfang werden einige wichtige Informationen gegeben. Wer spielt mit, wann und wo findet das Geschehen statt. Diese Informationen werden entweder nur angedeutet oder ausführlich dargestellt. Manchmal wird zu Beginn auch einfach eine Handlung beschrieben, ohne dass hervorgeht, in welchem Zusammenhang diese steht. Das kann bei einem Thriller elektrisierend wirken, wenn der Mord gleich in den ersten Zeilen passiert und man nur ein Messer sieht, das in einen Körper dringt, ohne zu wissen, wo und wann das Geschehen abläuft und wer die agierenden Personen sind. Gerade durch das Aussparen von Information lässt sich Spannung erzeugen.

Manchmal passiert aber auch gar nichts. Wie in Robert Musils Roman »Mann ohne Eigenschaften«, der in nuce Wettererscheinungen beschreibt und die Einleitung mit den Worten betitelt: »Woraus in bemerkenswerter Weise nichts hervorgeht«, was bei dem Romantitel wiederum angemessen erscheint.

Wenn man zu schreiben beginnt und nicht gleich einen interessanten Anfang im Kopf hat, gibt es keinen Grund zur Sorge. Oft entstehen Anfänge erst am Ende eines langen Schreibprozesses. Teilweise beginnt man zu früh zu erzählen, braucht einige Zeilen, manchmal eine ganze Seite oder sogar einige Seiten, um sich in die Geschichte einzufinden. So ist es mitunter besser, den Anfang bei einer Überarbeitung zu streichen und den Text ein wenig später beginnen zu lassen. Der Textanfang muss also nicht zu Beginn geschrieben werden. Genauso wie der Titel eines Buchs erst zum Schluss gefunden oder vom Verlag empfohlen wird, kann auch der Anfang erst sehr viel später entstehen. Lassen Sie sich von allen weiteren Arbeitsschritten nicht abhalten, nur weil sie noch keine einleitenden Sätze gefunden haben, die Sie zufriedenstellen.

Kapitel 6:

Erste Szenen: Erzählweisen, der Erzähl-raum und dramaturgische Energien

rste vage Ideen, Notizen, einzelne Worte, Dialogfetzen ... Bilder tauchten auf. Ich sah Anton durch die Stadt gehen. Ich sah Judith im Zug nach Zürich fahren. Die Bilder, die immer wieder kamen, fanden ihren Weg in das Notizbuch. Standen dort nebeneinander, unverbunden, ohne zusammenhängenden Sinn. Die ersten Seiten des Notizbuchs füllten sich langsam. Dann folgte nach einigen Tagen die Entscheidung, welche Szene die erste werden sollte. Den Ausgangspunkt sah ich deutlich vor mir:

Judith hatte gerade von Johannas Unfall erfahren. Da sie nicht gleich zu ihr fahren konnte, sperrte sie sich in ihrem Zimmer ein. Sie wollte mit niemandem reden, mit Anton schon gar nicht. Anton fragte sich, was los war, schob Judiths Verhalten auf ihren Freund Henrik und auf Probleme mit ihm. Judith wollte nicht, dass Anton etwas von Johannas Unfall erfuhr. Sie wollte sich um ihre Schwester kümmern, ohne dass Anton sich einmischen konnte.

Das erste Kapitel hatte keine eigenständige Handlung, es war als Einführung in die Welt der Figuren gedacht. Aber das sollte nicht durch Erklärungen geschehen, sondern durch Handlungen. Die Figuren mussten gleich in Bewegung gebracht werden, sie mussten auf ihrer Bahn kreisen, um sich selbst, um das, was ihnen wichtig war. Judith ließ ich mit ihren Eltern telefonieren, Anton träumend durch die Stadt laufen und auf Johanna warten.

Bewegung und Sinnlichkeit

Bewegung ist für eine lebendige Erzählung wichtig. Sie kann durch szenische Darstellungen mit sinnlichen Eindrücken entstehen – das sind die Momente, in denen der Leser am stärksten Figur und Handlung erlebt. Bei der szenisch-darstellenden Erzählweise zeigen wir dem Leser das Geschehen wie im Theater auf einer Bühne. Keine Erläuterungen, keine Kommentare, keine Bewertungen unterbrechen die Handlung, wie es bei der raffend-berichtenden Erzählweise der Fall ist. Der Erzähler tritt zurück, stattdessen werden sinnliche Wahrnehmungen der Figuren wiedergegeben, also alles, was man sehen, hören, riechen, schmecken oder tasten kann.

»Hinter der Brücke, auf dem Steg unter den Bäumen am Flussufer, blieb Anton stehen, um neben sich das gurgelnde Wasser zu hören, das dunkel an der Mauer entlangschoss. Er legte seine Hände auf den warmen körnigen Stein der Brüstung und sah in den glänzenden Nachthimmel.«

Es wird beschrieben, was die Figur denkt und was in ihrem Bewusstsein vor sich geht: An was erinnert sie sich, was stellt sie sich vor? Aber nicht als allgemeine raffende Zusammenfassung eines Außenstehenden, sondern als einen Gedanken, den die Figur gerade hat.

»Er setzte sich draußen an den Tisch eines Straßencafés und ließ das Gebäude nicht aus den Augen. Während er sich vorstellte, wie es nächstes Jahr sein würde, wenn er endlich dazugehörte, beobachtete er genau die Straße.«

Dabei gibt es verschiedene Möglichkeiten, die Gedanken einer Figur wiederzugeben: durch direkte Gedanken, indirekte Gedanken, durch erlebte Rede oder innere Monologe.

Durch szenische Darstellungen identifiziert sich der Leser mit der Figur. Er erlebt das Geschehen an ihrer Seite, denkt sich in sie hinein, leidet oder freut sich mit ihr. Deswegen sind Szenen in der personalen Erzählsituation plastisch und nahegehend, wenn sie mit ausreichend sinnlichen Eindrücken ausgestattet sind. Sie werden in literarischen Texten immer wieder Szenen finden, die sehr rein und klar gestaltet sind, unter anderem bei Kafka, dessen Präzision sich besonders in der Gestaltung der szenischen Erzählweise zeigt.

Würden wir jedoch ausschließlich Szenen aneinanderreihen, so fehlte dem Text der epische Atem, die Weite, der Rhythmus. Im schlimmsten Fall lesen sich solche Texte dann wie schlecht geschriebene Drehbücher. Es gibt aber auch Ausnahmen, großartige Werke, die fast nur szenisch gestaltet sind. Aber sie sind nicht der Normalfall und erfordern großes Können sowie ein Thema und eine Konzeption, die zu einer derartigen Schreibweise passen. Üblich ist der andere Fall: Raffung und Szene wechseln sich ab, geben Atem und Geschwindigkeit.

>>Er wechselte die Straßenseite, blieb im Schatten eines Hauseingangs, konnte sich nicht entschließen, nach Hause zu gehen. Jeden Abend war er unterwegs, aber Johanna tauchte nicht auf. Nicht in ihrer Wohnung, nicht bei Judith. Als sei sie vom Erdboden verschluckt oder bereits verreist, blieb sie verschwunden. Doch er gab nicht auf, beobachtete weiter das Haus, das Café, wo sie sich zufällig getroffen hatten, ging erst spät und erschöpft vom Suchen nach Haus.<<

Ab dem zweiten Satz ist der oben aufgeführte Text raffend erzählt: Er gibt einen Vorgang wieder, der sich wiederholt. Dadurch wird die Zeit, die wir zum Erzählen brauchen, kürzer, denn die mehrfache Wiedergabe dieses doch nicht wesentlichen Vorgangs würde den Leser vermutlich langweilen. Kurz darauf setzt wieder eine Szene ein. Wenn wir nur – auch das ein häufiger Fehler unerfahrener Autoren – raffend-berichtend erzählen würden, könnte sich der Leser die Figur nicht vorstellen und der Text hätte keine Atmosphäre. Die Zeilen des letzten Zitats sind keine Gedanken von Anton, sondern stammen vom Erzähler des Textes, der sich aber nicht in den Vordergrund spielt, sondern neutral und sachlich das Geschehen wiedergibt. Ein typisches Beispiel für eine leicht auktorialisierte personale Erzählsituation. Der Erzähler schildert aus keiner großen Distanz, sodass man unter Umständen sogar das Gefühl hat, die Gedanken könnten möglicherweise auch von Anton selbst stammen. Solche scheinbaren Uneindeutigkeiten sprechen nicht gegen den Text, im Gegenteil, sie können ihn in Schwingung versetzen. Versuchen wir einmal, an dieser Stelle eine stärkere, auktoriale Erzählposition einzuführen:

>>Jetzt war er schon jeden Abend unterwegs, aber diese Johanna konnte er einfach nicht finden. Wo immer der arme Kerl auch suchte: In ihrer Wohnung oder bei Judith. Sie war nicht zu finden. Manche geben dann auf: Dieser Anton aber nicht. Der stand weiter unten und guckte sich die Augen aus. Der ließ das Haus

nicht aus den Augen, schon gar nicht das Café, wo er sie das erste Mal getroffen hatte.«

Der Unterschied ist deutlich: Die Stimme des Erzählers ist stärker, kraftvoller. Er kommentiert, nimmt eine distanzierte Haltung gegenüber Anton ein. Ein auktorialer Erzähler kann so stark sein, dass die Handlung selbst völlig in den Hintergrund tritt. So wie in Laurence Sternes Werk »Tristram Shandy«, in dem der Erzähler aufgrund seiner Geschwätzigkeit nicht dazu kommt, das zu erzählen, was er eigentlich zu erzählen beabsichtigte.

Die Gestaltung des Raums

Nachdem ich die ersten Szenen vor Augen hatte, begann ich zu schreiben. Die folgende Skizze lag vor mir, ich schrieb das erste Kapitel. Ich zeigte die Welt der Figuren mit ihren jeweiligen Geschichten aus Antons Sicht, seine Liebe zu Johanna, sein ungeduldiges Warten, seine Träume, Gedanken, Überlegungen.

Skizze 4

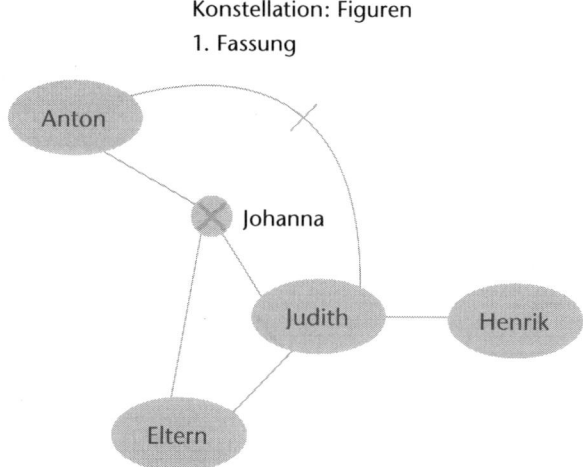

Konstellation: Figuren
1. Fassung

Anton

Johanna

Judith   Henrik

Eltern

Jeden Tag schrieb ich Ideen in mein Notizbuch. Sobald ein oder zwei Seiten gefüllt waren, schrieb ich eine Szene, durchlebte mit Anton seinen Tag. Ich hatte keinen dramaturgischen Plan, ließ mich führen von dem, was in mir auftauchte, wenn ich mir Anton vorstellte. Nach zwei Monaten war das erste Kapitel fertig und ich konnte mit dem zweiten beginnen. Für diesen Abschnitt meines Romans hatte ich eine Handlung, die sich durch das Geschehen von selbst ergab. Sie beginnt mit Judiths Reaktion, nachdem sie von Johannas Unfall erfährt. Judith sagt Anton nichts, informiert aber den älteren verheirateten Liebhaber von Johanna. Dann schließt sie sich in ihr Zimmer ein und wartet darauf, dass Johanna nach Zürich gebracht wird. Als das geschieht, fährt sie hin und muss feststellen, dass ihre Eltern ihr von dem Unfall nicht alles gesagt haben. Sie verhalten sich in einer Weise, die Johanna nicht von ihnen kennt. In ihrem Kinderzimmer tauchen Erinnerungen an ihre Kindheit auf. Sie hat auf einmal das Gefühl, nicht mehr dazuzugehören. Sie steht plötzlich fremd zwischen ihren Eltern, passt nicht mehr dazu. Im Krankenhaus erfährt sie, wie schwer Johanna wirklich verletzt ist: Sie kann nicht sprechen und nimmt Judith auch nicht wahr. Schockiert von dem Zustand ihrer Schwester reist Judith ab. Sie fasst den Plan, das Zimmer bei Anton zu kündigen und sich in Zürich eine eigene Wohnung zu suchen.

Stärker als im ersten Kapitel spürte ich diesmal die Notwendigkeit, mich um den Erzählraum zu kümmern. Während im ersten Kapitel für Antons Spaziergänge und das Warten auf Johanna warme Sommerabende eine Vorbedingung waren, so war es nun nötig, den Erzählraum genauer zu gestalten. Es ist kein heiteres Kapitel, denn Judith gerät an die Grenzen ihrer Existenz, erlebt Einsamkeit und Todesnähe, Hilflosigkeit und Wut.

Wer wenig Erfahrung im Schreiben hat, kann die Bedeutung des Raums leicht unterschätzen. Es genügt aber nicht, einen Text an einem schönen oder interessanten Ort spielen zu lassen und ihn so gut zu beschreiben, dass der Leser nicht die Orientierung verliert. Raumstrukturen in literarischen Texten sind niemals zufällig, sondern spielen eine besondere Rolle: Sie stützen, spiegeln oder zeigen das Innenleben der literarischen Figuren.

Der Leser versucht beim Lesen eines Buchs ganz automatisch, möglichst viel aus den gegebenen Informationen herauszulesen. Er schließt aus der Gestaltung eines Raums auf das Innenleben der darin befindlichen Figuren und begreift ihn als Symbol der ganzen Handlung. Die Heilanstalt in Thomas Manns »Zauberberg« liegt fern von allen Realitäten und zugleich fern von dem Flachland, in dem sich das alltägliche Leben abspielt. Der Handlungsplatz liegt im Gebirge, abgelegen und allen üblichen Zeitläufen enthoben. In Bram Stokers »Dracula« finden wir ebenfalls eine Landschaft, die das Grauen symbolisiert. Auf der Fahrt zum Schloss des Grafen erlebt der Protagonist, wie die Landschaft fremder und unheimlicher wird, je näher er dem Zielort kommt. Die schroffe, spitze Felslandschaft steht im Gegensatz zur lieblichen Hügellandschaft Englands und wird zum Gegenbild, zur Anti-Landschaft, in der das Böse seinen Platz hat. Auch das Haus von Dr. Jekyll und Mr. Hyde hat dieselbe Struktur wie die gespaltene Persönlichkeit seines Bewohners. Während vorne die Fassade Glanz, Reichtum und Fröhlichkeit ausstrahlt, ist die Rückseite düster, fensterlos und verwittert. So wird das Wesen der beiden auf die äußere Umwelt projiziert.

Neben dieser symbolischen Bedeutung lassen sich auch aktuelle Gefühlslagen einer literarischen Figur in der Raumgestaltung zeigen. Zu der äußeren Umwelt zählen die Ausstattung eines Raums bzw. von Räumlichkeiten, die Landschaft und meteorologische Erscheinungen. Dabei gibt es zwei Möglichkeiten. Entweder man gestaltet den Raum analog zu den Gefühlen der literarischen Figur, wie es vorwiegend im traditionellen Roman des 19. Jahrhunderts geschah: So entsprach eine gute Wetterlage dem positiven Empfinden der Figur. Gewitter und Sturm dagegen kündigten Unheil an, Regenfälle zeigten Einsamkeit und Unglück. Oder der Raum wird kontrastiv zu den Empfindungen der Figur gestaltet und zeigt sie dadurch: Obwohl das Wetter erbärmlich ist, lässt sich aus dem Verhalten der Figur schließen, dass sie hervorragend gelaunt ist. Anhand des Tanzens im Regen von Gene Kelly im Musical »Singing in the Rain« lässt sich dies wunderbar zeigen. Die kontrastive Gestaltung von Wetter und Gefühl hat diese Szene berühmt gemacht: Obwohl es so stark regnet, tanzt die Figur in ihrem Glück, während Passanten kopfschüttelnd an ihr vorbeieilen, auf dem Weg ins Trockene. Zum Schluss verschenkt sie noch ihren Regenschirm.

Obwohl die Szene kontrastiv gestaltet ist (positives Empfinden vs. schlechtes Wetter), gibt es gleichzeitig eine Analogie: Die Stärke des Gefühls der Figur entspricht der Stärke des Regens. Diese Kombination hat der Szene ihre Kraft verliehen. Hätte es nur ein wenig geregnet und Gene Kelly hätte gesungen, er tanze im Niesel, so hätten wir das seltsam empfunden. Einen noch geringeren Effekt hätte es gehabt, wenn Gene Kelly bei bestem Wetter durch den Central Park getanzt wäre mit den Worten: »I'm singing in the sun.«

Ob man den Raum nun analog oder kontrastiv zum Gefühlsleben gestaltet, ist eine Frage, die sich in jedem Text aufs Neue stellt und für die man immer eine individuelle Antwort finden muss. Wichtig ist aber, darauf zu achten, dass es eine Form von Beziehung zwischen den Empfindungen der Figur und der Raumdarstellung gibt, da ansonsten die Gefahr besteht, dass der Text keine dichte Atmosphäre herstellen kann und vom Leser als merkwürdig leer empfunden wird.

Als ich das zweite Kapitel schrieb, welches sehr dramatisch Judiths Weg von ihren Eltern zum Krankenhaus beschreibt, versuchte ich es anfangs mit analoger Raumgestaltung. Parallel zu den traurigen, trostlosen Empfindungen von Judith ließ ich es regnen, versuchte, besonders poetische, kraftvolle Beschreibungen vom Regen zu finden. Ein Freund, der das Kapitel las, meinte nur knapp, dass der Inhalt ja sowieso so schwermütig sei, und dieser dauernde schwere Regen, das sei unerträglich. Und er hatte recht. Ich hatte den Inhalt durch die analoge Gestaltung mit zu viel ähnlicher Bedeutung aufgeladen. Mir blieb nichts anderes übrig, als den Text umzuschreiben. Nun herrscht in diesem Kapitel ruhiges, etwas zu heißes Sommerwetter, und auch auf diese Weise lassen sich Einsamkeit und innere Verlassenheit darstellen:

»Als sie draußen stand, wusste sie nicht, wo sie hingehen sollte. Sie lief durch die Straßen, blieb stehen, lief weiter. Die Häuser standen in engen Reihen hinunter zum See.

Die Stromabnehmer der Busse federten an den Oberleitungen, wenn sie anhielten und surrend wieder abfuhren. Judith sah zwischen den Häusern das schimmernde Blau, den See, der sein Wasser unter der großen Brücke in den Fluss goss. Das Wasser schäumte an den Stauwehren. Judith war müde, aber sie wollte nicht nach Haus. Sie hielt sich am Brückengeländer fest, die Sonne im Nacken.«

So konnte ich das zweite Kapitel zu Ende schreiben. Ich ließ Judith nach München zurückfahren. Die letzte Szene spielte im Zug, es wurde eine Fahrt voller Traumgesichter und Vorstellungen, in der sich Realität auf eine neue Weise in ihr zeigt. Nachdem ich dieses Kapitel geschrieben hatte, war ich davon überzeugt, dass es mir bald gelingen würde, mit dem Text fertig zu werden.

Denkfehler und Schreibkrisen

Als ich jedoch nach einer kurzen Erholungspause mit dem dritten Kapitel beginnen wollte, gelang es mir nicht, weiterzuschreiben. Das lag nicht an der Unterbrechung, ich hatte große Lust an dem Text zu arbeiten. Ich wusste nur nicht, wie ich die Handlung weiterentwickeln sollte. Ich sah nichts vor meinem inneren Auge, nur Anton, der in seinem Zimmer auf Johanna wartete. Dabei war es das dritte Kapitel, das ja den Höhepunkt des Buchs darstellen sollte. Es musste also etwas passieren. Laut Plan sollte es aus Antons Sicht erzählt werden. Aber Anton bewegte sich nicht.

Nach meinen Erfahrungen hat jede Schreibkrise einen Grund, der sich relativ leicht beseitigen lässt, da er meistens auf einem Fehler beim Schreiben oder Konzipieren des Textes beruht. Manchmal handelt es sich natürlich auch um ernsthafte persönliche Probleme, die einen so stark in Anspruch nehmen, dass das Denken mit ihnen ausgelastet ist. In so einem Fall hat es keinen Sinn, die Weiterarbeit zu erzwingen. Man könnte höchstens versuchen, sich gelegentlich an seinen Text zu setzen, um nicht den Anschluss zu verlieren und um sich abzulenken.

Ein weiterer Grund für Schreibkrisen können Erschöpfungszustände sein, sie treten auf, wenn man sehr schnell sehr viel geschrieben hat. Wenn man, wie es Übersetzer und Sachbuchautoren tun müssen, wochenlang jeden Tag über viele Stunden schreibt, erschöpft sich das Reservoir an Worten und Formulierungen, das man in sich trägt. Man beginnt sich zu wiederholen, es fällt schwer, den richtigen Ausdruck zu finden. Zwei Methoden können helfen: schnelles Lesen von zahlreichen Gedichten, um Sprache wieder auf eine sinnliche Weise zu erleben. Oder automatisches Schreiben ohne Ziel und ohne Sinn, wie es die Surrealisten geübt haben – es hilft, aus den eingefahrenen Bahnen auszubrechen. Hierzu beginnt man, ohne darüber nachzudenken, auf einem Blatt Papier alles aufzuschreiben, was einem in den Sinn kommt. Man beginnt mit den Worten: »Mir fällt nichts mehr ein ...«, und lässt sich treiben, die Worte fließen, bis die Hand steif wird und die Gedanken wieder gelockert sind.

Bei mir lag das Problem, dem ich zu Beginn des dritten Kapitels gegenüberstand, an einem dramaturgischen Denkfehler. Ich hatte Anton im ersten Kapitel auf Johanna wartend zurückgelassen. Im zweiten Kapitel reiste Judith ab, wodurch sich für Anton allerdings nichts veränderte. Er saß zu Beginn des dritten Kapitels noch immer wartend in der Wohnung, und da Judith ihm nichts von Johannas Unfall erzählt hatte, blieb seine Situation gleich. Ich hatte im ersten Kapitel alles über Anton erzählt, was ich zu erzählen hatte. Da er kein Mensch mit hoher Aktivität war, konnte ich für ihn auch nicht eine Handlung erfinden, die den Text vorangetrieben hätte. Die dramaturgische Energie, die ich Anton am Anfang mitgegeben hatte, war aufgebraucht, und dadurch, dass er keinen Anteil an den aktuellen Entwicklungen hatte, konnte ich seine Geschichte nicht fortführen. Als ich das herausgefunden hatte, waren meine Möglichkeiten begrenzt, das Problem zu lösen. Denn wenn Anton erfuhr, dass Johanna einen Unfall gehabt hatte, würde er sich sofort auf den Weg zu ihr nach Zürich machen. Eine andere Handlungsweise wäre jedoch unglaubwürdig und aus Antons Sicht nicht zu motivieren gewesen.

Ich versuchte es und begann das dritte Kapitel mit Antons Reise nach Zürich. Aber die Handlung verschob sich dadurch in eine Richtung, die ich nicht einschlagen wollte. Durch Antons Anwesenheit in Zürich entstanden neue Konflikte zwischen ihm, Judiths Eltern und ihr selbst. Da ich nicht vorhatte, eine Familiengeschichte zu schreiben, sondern weiterhin an dem Bild der kreisenden Satelliten festhielt, die durch einen Schicksalsschlag aus der Bahn trudeln, gab ich diesen Versuch wieder auf. Das, was in Zürich passierte, wurde für mein Vorhaben zu übermächtig. Zudem hätte es dann gar keinen Sinn gemacht,

75

Anton im ersten Kapitel so ausführlich darzustellen. Ich verwarf auch diesen Plan, ohne zu wissen, wie ich weitermachen sollte.

Skizze 5

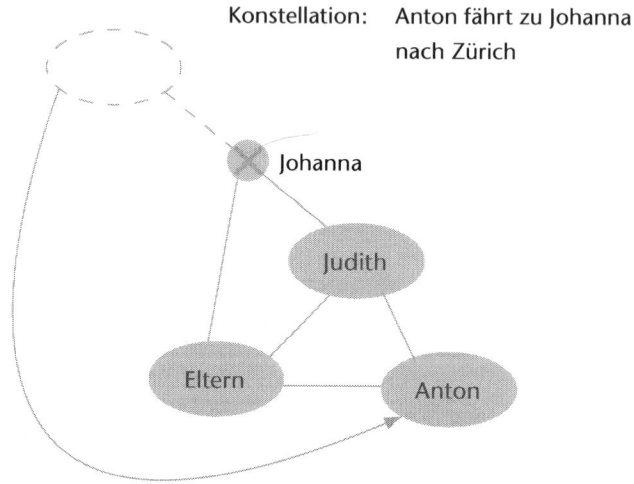

Konstellation: Anton fährt zu Johanna nach Zürich

Ich hätte versuchen können, den Inhalt des ersten Kapitels weiterzuschreiben, indem ich genauer und tiefer in Anton hineingesehen, feinere psychologische Regungen und Symptome geschildert hätte. Ich hätte mich um eine expressivere Sprache bemühen können, welche die Handlung in den Hintergrund gedrängt hätte, sodass man das Buch in erster Linie aufgrund seiner sprachlichen Gestaltung geschätzt hätte. Aber ich wollte beides nicht. Ich wollte die Ereignisse realistisch und spannend erzählen. Ich wollte eine Geschichte. Eine richtige Geschichte.

Die Energie von Geschichten

Diese Erfahrung lehrte mich, dass man Geschichten Energie zuführen muss. Geschichten müssen brennen wie ein Feuer, in das man kontinuierlich Holz nachlegt, sodass es nicht zu erlöschen droht. Wenn man nicht mehr weiter weiß, wenn die Handlung erlahmt, wenn die Figuren nicht vorankommen mit ihren Zielen, Absichten, Plänen, dann ist vermutlich der Zeitpunkt erreicht, an dem Sie ein Scheit in das Feuer der Geschichte werfen sollten, das zu dem Zeitpunkt vielleicht nur noch glimmt. Man kennt das aus Filmen und Büchern. Der zweite Mord im Krimi, eine plötzlich auftauchende Person aus der Vergangenheit der literarischen Figur, ein Geheimdokument oder eine geheime Tür, die sich nicht öffnen lässt. All das sind Hindernisse auf dem Weg unserer Figuren, die eine Geschichte befeuern und die Figur dazu zwingen, selbst Energie aufzuwenden.

Natürlich: Man kann zu viel Holz nachlegen, dann gerät das Feuer außer Kontrolle. Man muss ein Gespür für das richtige Maß entwickeln, für den Moment, in dem wieder etwas passiert, was die Handlung weiterlaufen lässt, bevor die Geschichte erlahmt.

Dieses Erlahmen ist in der Regel Schuld daran, dass es zu Schreibkrisen kommt. Meistens lässt es sich bewältigen: durch äußere Ereignisse. Es gibt drei verschiedene Arten äußerer Ereignisse, die sich als Hindernisse in den Weg einer Figur stellen. Die erste Gruppe lässt sich am besten als »außenweltlich« bezeichnen. Es sind Ereignisse, auf welche die Figur keinen Einfluss hat: Zufälle, Krankheiten, Verbrechen, Naturkatastrophen. Außenweltliche Ereignisse finden sich vor allem im ersten Teil von Geschichten.

Die zweite Gruppe können wir »zwischenmenschlich« nennen. Es sind Hindernisse, die durch andere Figuren der Geschichte aufgebaut werden. Sie sind vorwiegend im Mittelteil von Geschichten zu finden.

Die dritte Gruppe sind »innermenschliche« Ereignisse. Sie entstehen in der Psyche der Figur. Erinnerungen, Ängste, Ahnungen, Gewissensbisse, Alpträume zeigen die Bandbreite ihrer Erscheinung. Sie treten vorwiegend im letzten Drittel von Geschichten auf, denn damit der Leser sie verstehen kann, muss er die Figur bereits kennen.

Wenn man nicht weiterkommt, gilt es immer zu prüfen, ob man ein neues Handlungsmoment braucht, das frischen Konfliktstoff in sich trägt und ein weiteres Problem für die Hauptfigur nach sich zieht.

Ich fand damals keine Lösung für das Problem und entschloss mich, den Roman beiseite zu legen. Der Rahmen, den ich mir gesteckt hatte, war zu eng, Anton zu reduziert auf seine Liebe zu Johanna und seinen Wunsch nach einem Akademieplatz. Er lief ohne Ziel durch die Stadt und ich fand keine Möglichkeit, ihn davon abzuhalten. Seine Passivität war das Problem. Ich wollte, ich konnte ihn nicht auf andere Weise darstellen. Dann erkannte ich, dass sehr viele meiner Figuren, auch jene aus kürzeren Erzählungen, sich genauso passiv wie Anton verhielten. Bei kürzeren Erzählungen aber spielt die Aktivität der Figuren keine wesentliche Rolle, da von einer Figur weniger gefordert wird.

So war mir das bis dahin noch nie aufgefallen. Die Passivität der Figuren, wie sie sich bei Anton zeigte und wie ich sie nun auch in meinen Kurzgeschichten wahrnahm – sie zeigte sich als eine meiner Kerngeschichten, die ich auf diese Weise kennenlernte. Bei einem Roman kann man eben nichts verstecken. Erst später fand ich in vielen anderen literarischen und autobiografischen Texten von Autoren meiner Generation diese Kerngeschichte wieder.

Kapitel 7:

Der Autor und seine Figuren

M anchmal schleichen sich im Schreibprozess Fehler ein, ohne dass wir es merken. Diese verursachen später verzwickte Situationen und ernsthafte Schreibkrisen. Sie haben mit der Art und Weise zu tun, wie wir unser Vorstellungsvermögen gebrauchen, deswegen ist es schwierig, sich gegen diese Fehler abzusichern. Um zu begreifen, wie es dazu kommen kann, ist es nötig, den Schreibprozess genauer anzuschauen.

Was genau passiert eigentlich, wenn wir schreiben? Was passiert, wenn wir eine Handlung schildern? Wie arbeitet unsere Fantasie? Oft wissen wir genau, was wir schreiben wollen. Im Kopf zeigen sich Bilder und manchmal lassen sich sehr schnell Worte dafür finden. Es sind glückliche Momente, wenn die Wörter fast mühelos auf das Papier gleiten, ein Satz den nächsten nach sich zieht.

Schreibfluss und Schreibpause

Das sogenannte entspannte Feld, das wir während des Schreibens und Nachdenkens um uns herum einrichten, wird von vielen Kreativitätsforschern als Voraussetzung gesehen, um die Gedanken fließen zu lassen. Um diesen Zustand zu erreichen, gibt es verschiedene Möglichkeiten – ein Spaziergang, eine Musik, bei der man entspannen kann, ein bestimmtes Ritual. Manche brauchen eine aufgeräumte, geputzte Wohnung, andere eine unaufgeregte Lebenssituation. Manche können nur abends zur Ruhe kommen, andere brauchen die Frische des Morgens, um sich unbelastet ihrer Geschichte widmen zu können.

Wie man sich auf solche Schreibzeiten vorbereitet, wird im dreizehnten Kapitel dargestellt. Wenn es gelingt, ruhig und gelassen am Schreibtisch zu sitzen, besteht die erste Aufgabe darin, sich eine Szene vorzustellen, das, was man schon weiß, vor sich auftauchen zu lassen, dann genauer hinzusehen und sich Fragen zu stellen. Das ist vor allem dann sinnvoll, wenn einige Stellen der imaginären Szene sich noch undeutlich vor dem inneren Auge zeigen.

Wenn man schreibt, sollte man möglichst ohne Unterbrechung arbeiten, das Telefon stumm stellen, sich nicht von anderen Gedanken ablenken lassen. Wenn Ihnen dennoch Gedanken durch den Kopf schwirren, die nichts mit Ihrem Schreibvorhaben zu tun haben, dann notieren Sie sie auf einem Zettel. Dieser kleine Trick hilft oft.

Falls der Schreibfluss nach einiger Zeit stockt, sollte man das akzeptieren. Warum nicht gelegentlich unterbrechen, um neue Kraft zu schöpfen oder zu reflektieren, was man gerade macht? Man darf ruhig mal aufstehen, Tee kochen, Musik hören, Geschirr spülen, einen Spaziergang machen – solange man nur wieder an seinen Arbeitsplatz zurückkehrt. Am besten ist es natürlich, wenn man mit der Szene, an der man schreibt, verbunden bleibt, die inneren Bilder präsent und lebendig in seinen Gedanken behält, sie sich weiter vorstellt, auch wenn man mit etwas ganz anderem beschäftigt ist. Man sollte aber keine Telefongespräche führen oder fernsehen, da man durch Worte und Gedanken anderer aus seiner vorgestellten Szenerie herausgeführt und in eine andere Wirklichkeit geleitet wird, aus der es schwierig ist, wieder in den Text zurückzufinden.

Ob man schnell oder langsam schreibt, an einem Tag gut vorankommt, an einem anderen weniger schafft – immer muss man sich das, was man schreiben möchte, zuerst vorstellen. Man weiß ungefähr, wie die Szene abläuft. Man versucht vor dem inneren Auge Bilder zu entwickeln. Man überlegt bewusst oder versucht entspannt, die Figuren zum Leben zu erwecken, versetzt sich in sie hinein.

Am Anfang des zweiten Kapitels kehrt Judith am Abend zu ihren Eltern zurück. Da ich diese Szene nicht selbst erlebt hatte, musste ich den Ablauf des Geschehens erfinden. Ich stellte mir vor, wie es Abend war und Judith zu ihrem Elternhaus geht. Daraus folgte die nächste Frage: Wohin kehrt Judith zurück? Wo wohnen die Eltern? Sie sind wohlhabend, wohnen in einem Haus auf dem Land. Wie verhält sich Judith, als sie ankommt? Sie bleibt erst stehen, betrachtet das Haus, bevor sie klingelt.

Soweit die Vorstellung, die nun in Beschreibungselemente umgesetzt werden musste. Es galt, Worte und Sätze für dieses Geschehen zu finden, das nur in meinem Kopf existierte.

Gleichzeitig arbeiten im Kopf zwei Instanzen: Die eine versucht das Geschehen kreativ zu entwickeln, sich in die Figuren hinein-zudenken, mit ihnen zu erleben und zu fühlen. Die andere Instanz sucht nach Worten und arbeitet mit ihnen, streicht sie aus, wenn sie unpassend erscheinen, und sucht neue, die das, was man sagen will, besser ausdrücken. Oft lässt man sich im Schreibfluss einiges durchgehen, was später vor dem kritischen Auge niemals bestehen kann. Manchmal hängt man aber an einer Stelle fest, findet über-haupt keine Worte und verliert beim Nachdenken die Verbindung zu den Figuren. Das passiert immer wieder beim Ringen um Worte, der ständigen Begleiterscheinung des Schreibens. Alles, was beim Schreiben nicht harte Arbeit sei, trage die Gefahr in sich, sich durch Beliebigkeit zu rächen, führt Anna Mitgutsch in ihren Grazer Poe-tik-Vorlesungen auf.

Judith steht auf dem Weg und blickt zum Haus hinüber. Worte waren nötig, um dem Leser die Bedeutung begreiflich zu machen, die dieser Eingang für Judith hat. Worte, um den Weg zu beschrei-ben, Worte für eine kurze Skizze der Landschaft. Bei dem Versuch, ein sinnliches Bild zu finden, bot sich der Mund an, ein wenig später wird er auf einer anderen Motivebene wieder auftauchen:

»Das Haus der Eltern war von der Straße nicht zu sehen. Die Einfahrt, ein dunkler Mund zwischen den Büschen, nahm sie auf, der Kies knirschte unter ihren Füßen, glänzte hell, als sich ihre Augen an das Dunkel hinter der Hecke gewöhnt hatten.

Im oberen Stockwerk im Zimmer der Mutter war Licht. Das Erdgeschoss lag im Halbdunkel, als sei niemand da. Hinter dem Haus lagen die Felder, und am Horizont stand das dunkle Band der Berge. Judith suchte das Fenster, hinter dem ihr Zimmer ge-wesen war.«

Zwei zusätzliche Informationen werden hier vermittelt: Vater und Mutter haben anscheinend kein gemeinsames Schlafzimmer. Judith hat kein Zimmer mehr, mit ihrem Auszug haben die Eltern eine an-dere Verwendung dafür gefunden. Judith ist hier offenbar nicht mehr zu Haus, muss sich erst wieder orientieren, einen Platz für sich finden.

Fiktion und subjektives Erleben

Während beim Film ein Team arbeitet, das aus Drehbuchautor, Regisseur, Schauspielern, Maskenbildner und Technikern wie Beleuchtern und Cuttern besteht, muss sich beim Schreiben der Autor um alles selbst kümmern. Vielleicht ist Schreiben deswegen so anstrengend und spannend zugleich. Der Autor allein erschafft die erzählte Welt und ist für ihre Stimmigkeit verantwortlich. Das bedeutet auch, dass sich im Text nur Gedanken von ihm wiederfinden – alles, was dort geschrieben steht, ist durch seinen Kopf hindurchgegangen. Und gerade das kann sich im Arbeitsverlauf zu einem Problem entwickeln, mit dem fast jeder Autor zu kämpfen hat.

Wenn man sich durch die Kraft seiner Fantasie etwas vorstellt, steigen Bilder, Erinnerungen und Wissensfragmente hoch, die einem etwas bedeuten, die man vielleicht neu verknüpft, die aber bereits in einem vorhanden waren.

Als Judith vor der Haustür ihrer Eltern steht, lasse ich ihren Vater öffnen. Er umarmt Judith, was er bei anderen Gelegenheiten nicht getan hat. Das geschieht aus hilfloser Verlegenheit, vielleicht um Nähe zu zeigen, vielleicht, weil er selbst Nähe spüren will.

»Er ließ Judith nicht an sich vorbei, streckte ihr die Arme entgegen. Sie musste, umschlossen von seinen Armen, hören, wie er atmete. Viel zu fest drückte er ihren Körper, als sei sie ein unbekanntes Tier, das er noch nicht anzufassen gelernt hatte.

Sie bog ihren Kopf nach hinten, konnte ihn nicht ansehen, wagte auch nicht, sich aus seiner Umarmung zu lösen.«

Eine fiktive Szene. Aber ist sie wirklich frei erfunden? Schließlich musste ich mir doch vorstellen können, wie sich Judith fühlt, wenn ihr Vater sie umarmt, damit ich es schreiben konnte. Und ist die Vorstellung nicht geprägt von *meinen* Erfahrungen, von *meinen* Gefühlen, die ich hatte, wenn ich umarmt wurde, ohne es zu wollen? Natürlich hätte ich jemanden fragen können, eine Bekannte, die mir erzählt, wie es ihr geht, wenn sie von ihrem Vater umarmt wird, es aber nicht will. Es ist einsichtig, dass es zu mühsam wäre, auf alle Fragen, die sich beim Schreiben stellen, eine Antwort durch Recherche zu erlangen. Vielleicht würde es mir dadurch gelingen, das

Verhalten von Judith wirklich authentisch zu beschreiben, vielleicht aber auch nicht, weil diejenige, die ich frage, ganz anders empfindet als Judith, so wie ich sie mir vorstelle.

Man wird deswegen nicht nur der Einfachheit halber auf die eigene Erfahrung zurückgreifen. Ein zweites Beispiel stammt aus demselben Kapitel. Kurz nach der Begrüßung tauchen in Judith Erinnerungen an ihre Kindheit mit Johanna auf, die sie in Portugal verbracht haben:

> »Bilder von damals begannen an ihr vorbeizuziehen, sie sah sich hier als Kind am Tisch sitzen, vor wie viel Jahren, im Auto neben Johanna in Portugal, auf einem Feldweg, Heuschrecken zwischen den Händen, die sie zwischen den Disteln gefangen hatten, und in all diesen Bildern war Johanna, als Kind, als Mädchen, in ihrem Krankenhausbett.
>
> Was ist wichtig?, dachte Judith.
>
> Wie wir am Meer gelebt haben. Wie nah das Meer war, gleich hinter den Ginsterbüschen, hinter dem Sirren der Heuschrecken, die blau aus dem Brombeergestrüpp aufflogen. Die lehmige Erde, der Pfad zu den Klippen, das Kindermädchen, die Katzen, die im Gras lagen, das Bellen der Hunde, nachts.«

Ich gebe zu, nie in Portugal gewesen zu sein. Ich gebe ebenfalls zu, nie nachgelesen zu haben, ob es in Portugal Brombeeren gibt. Aber hatte der Mann recht, der nach einer Lesung zu mir kam und vorwurfsvoll behauptete, dass es in Portugal keine Brombeeren gäbe? Ich verstand nicht, was er wollte, er wiederholte den Satz, es war ihm augenscheinlich wichtig. Ich bin der Meinung, dass jeder Autor das Recht hat, sich seine Welt so einzurichten, wie sie ihm gefällt, solange sie nicht deutlich der Logik widerspricht. Selbst wenn es in Portugal tatsächlich keine Brombeeren gibt, habe ich als Autor dennoch das Recht, mir dort Brombeeren zu denken, es sei denn, es wäre aufgrund der klimatischen Situation gänzlich unwahrscheinlich. Schließlich schafft ein Autor, der einen Roman schreibt, eine neue Wirklichkeit. Dabei kommt es auf die innerliche Stimmigkeit dieser Welt an, nicht darauf, ob sie mit der Realität übereinstimmt. Das gilt für realistische Romane ebenso wie für alle Arten von Fantastik und Fantasy. Es gab Autoren, die haben Berge versetzt, Länder verändert, Inseln versenkt. Weil die neu geschaffene Realität zählt und die Frage, ob es so gewesen sein *könnte* und nicht, ob es so gewesen *ist*.

Dennoch überlegte ich, warum mir ausgerechnet Brombeeren eingefallen waren. Ich bin wie gesagt nie in Portugal gewesen und wusste nicht, wie es dort aussah. Ich habe auch nicht recherchiert. Was ich getan habe, als ich mir die Kindheit von Judith und Johanna vorstellte, war nichts anderes, als mich an meine eigene Kindheit zu erinnern und daran, wie ich das Meer kennengelernt habe. Das war in Istrien, wo sich Brombeerranken auf den rotlehmigen Pfaden ausbreiten, die ans Meer zu den Klippen führen, und blauflügelige Heuschrecken aus trockenem Gras aufsteigen.

Das ehemalige Jugoslawien, das mit Kommunismus, Krieg und Vergangenheit verbunden war und ist, wollte ich nicht als Handlungsort in den Roman einführen. Es wäre zudem unglaubwürdig gewesen, dass ein westlicher Ingenieur in einem damals kommunistischen Land gearbeitet hat.

Ich wollte Judith und Johanna ihre Kindheit in Portugal verbringen lassen, dem Ort, der mit Sehnsucht, Morbidität, dem Aufbruch ins Ungewisse assoziiert wird. Ich verknüpfte das mit meinen Erinnerungen und dachte nicht daran, dass sich jemand an einer biologischen Nebensächlichkeit stören könnte.

Ohne es zu merken und ohne es zu beabsichtigen, trägt man auf diese Weise im Laufe des Schreibprozesses immer mehr persönliche Elemente in einen Text hinein. Dieser Aspekt betrifft nicht nur die äußere Welt, sondern alle Gedanken, die man beim Schreiben aus sich herausholt. Alles, was man sich vorstellt, wird auf diese Weise durch Erinnerungen geprägt, verformt, verändert: Menschenbilder, Vorstellungen von Mann und Frau, von Kultur und Politik. Ob man geradlinig oder umständlich denkt – alle Aspekte des menschlichen Daseins sind davon betroffen, wenn man über sie schreibt. Und während man schreibt, kann man das alles nicht reflektieren, da man sich ja um die sprachliche Umsetzung kümmern muss.

Das bedeutet, dass in einen Text viel von unserer Persönlichkeit eindringt. Bei Raumbeschreibungen und anderen äußeren Gegebenheiten mag das keine wesentlichen Auswirkungen haben, aber bei der Gestaltung der literarischen Figuren kann sich dieser Zusammenhang problematisch auswirken.

Das Problem der Verselbstständigung

Die Figuren nehmen durch diesen Prozess immer mehr Charakterzüge, Handlungs- und Verhaltensweisen des Autoren-Ichs an – ganz besonders die Figuren, die einem als Autor mit ihrer Persönlichkeit nahestehen. Das galt bei mir in besonderer Weise für Anton, aber in einzelnen Momenten auch für die Nebenfigur Henrik. So hat jede Figur die Tendenz, zum Abbild des Autors und seiner Welt zu werden. Es heißt, dass jede Figur in einem Roman einen Aspekt der Autorenpersönlichkeit widerspiegelt. Das ist auf der einen Seite ein interessanter und nützlicher Vorgang, denn die Welt des Romans und seiner Figuren kann dadurch geschlossener erscheinen, was die Wirkung des Textes verbessert. Auf der anderen Seite kann es zu ernsthaften Problemen führen. Oft beschreiben Autoren das Phänomen, dass sich ihre Figuren im Laufe des Schreibprozesses verselbstständigen und nicht mehr das tun, was der Autor will. Das ist eigentlich eine seltsame Aussage, denn er steuert doch die Figur und sollte die Kontrolle über sie behalten können. Gemeint ist damit vielmehr, dass der Autor mit seiner Figur Realitäten schafft, die er später einlösen muss. Eine Figur, die vom Leser als geizig empfunden wird, kann im späteren Verlauf der Handlung nicht mehr ohne Weiteres freigiebig handeln. Wenn eine Figur am Anfang emotional ist, kann sie später nicht als kalt und gefühlsarm geschildert werden. Diese Aussage spricht auch dafür, dass wir die Kontrolle über den Schreibprozess nicht vollständig in den Händen halten können.

Der Begriff »Verselbstständigung« erscheint mir dennoch fragwürdig. Es steht noch etwas anderes hinter diesem Prozess. Es sind die bereits genannten unbewussten Imaginationen des Autors, die seine Figur im Laufe der Zeit fremd für ihn erscheinen lassen, ja schlimmer noch, dazu führen können, dass er nicht mehr weiterschreiben kann, weil er sie nicht mehr versteht.

Der Autor bemerkt dabei nicht, dass die Bilder und Vorstellungen, die er in seine Figuren »einschreibt«, eigentlich seine eigenen sind und wenig mit dem Konzept der Figur zu tun haben. Es ist der Moment, in dem auch Kerngeschichten in den Texten sichtbar werden. Die Figur, die einem autobiografisch am nächsten steht, wird dem Autor immer ähnlicher. Sie verselbstständigt sich also nicht, sondern kommt dem Autor näher – und da dieser nicht mit dem Vorgang rechnet, steht er verwirrt vor seiner Figur, begreift sie so wenig, wie er manches an sich selbst nicht sieht oder versteht. Da kann es leicht passieren, dass einem die Figur unleidlich wird – wer blickt schon gern ungewollt in einen Spiegel?

In einer früheren Fassung habe ich Anton an einer Stelle mit seinen Eltern telefonieren lassen. Für Anton geht das Gespräch nicht gut aus. Nachdem ich seine Wut im Anschluss an das Telefongespräch beschrieben hatte, konnte ich eine ganze Zeit lang nicht weiterschreiben. Mir fiel nichts ein, was Anton nach diesem Wutanfall hätte denken oder tun können und wie sich seine Gefühle und die Handlung weiterführen ließen. Schließlich wurde mir klar, dass *ich* nach so einem Gespräch wütend geworden wäre. Anton hatte ursprünglich weitaus weniger emotional handeln sollen. Ich hatte, ohne es zu wollen, etwas von mir in meine Hauptfigur hineingeschrieben, was nicht in ihr Konzept passte.

Wenn sich beim Schreiben die Figur entzieht, sollte man überlegen, ob es an einer Veränderung ihrer Persönlichkeit liegen kann, die man, ohne es zu merken, in sie eingeschrieben hat. Man findet es heraus, indem man sich fragt, wie man sich selbst anstelle der Figur verhalten würde.

Solche Situationen können einem die Augen öffnen. Vielleicht war mein Plan, die Figur wenig emotional zu schildern, sowieso nicht der beste – und ich tat gut daran, ihr doch mehr Gefühle zuzugestehen. Vielleicht aber auch nicht. Hier blieb mir nichts anderes übrig, als die Entscheidung zu treffen, ob ich bei meinem ursprünglichen Plan bleiben oder mich auf das Neue einlassen sollte.

Wie man sich in solchen Situationen auch entscheidet – wahrscheinlich ist es das Wichtigste, dass man sich dieses Problems bewusst ist. Dass man, wie ich es oben gezeigt habe, die Figuren frühzeitig daran hindert, dem eigenen Abbild zu ähnlich zu werden. Es empfiehlt sich daher, Figuren aus verschiedenen Vorbildern zusammenzufügen, sie synthetisch mit Merkmalen verschiedener Menschen auszustatten, damit sie fülliger werden und nicht zu autorenbezogen sind.

Ich habe versucht aufzuzeigen, dass die meisten Schreibkrisen einen Grund haben, der im Text zu finden ist. Wenn man ihn selbst nicht herausfindet, können andere helfen, die die Verhältnisse mit einem distanzierten Blick einfacher überschauen können – anders als der Autor, der in seinen Texten und Vorstellungen manchmal verloren geht. Diese Gedanken führen uns im nächsten Kapitel zu der Frage, ob es angesichts solcher Prozesse überhaupt sinnvoll ist, ausführliche Planungen vor dem Schreiben des Textes durchzuführen.

Kapitel 8:

Offenes und geplantes Erzählen

Figuren und ihre Handlungen verändern sich während des Schreibens oft so stark, dass das geplante Erzählziel nicht erreicht werden kann. Wir bemerken die schleichende Wandlung gar nicht und stehen auf einmal staunend vor einer neuen Situation, mit der wir umgehen müssen. Besonders betroffen von diesem Prozess können jene Autoren sein, die ihr Vorhaben ausführlich geplant haben und genau wissen, was sie erzählen wollen und in welcher Weise. Das muss nicht unbedingt passieren, kommt aber häufiger vor, als man denken würde. Daraus aber den Schluss zu ziehen, dass es vollkommen sinnlos wäre überhaupt zu planen, ist natürlich ebenso unsinnig wie die Behauptung, dass eine genaue Planung allein zu einem glücklichen Ausgang des Vorhabens führt. Man muss immer damit rechnen, dass Planungen, wie detailliert oder grob sie auch durchgeführt wurden, durch die natürlichen Prozesse der Imagination zum Teil überflüssig gemacht werden oder sogar für den Fortgang hinderlich sind. Dass sich dieses Problem nicht ausschalten lässt, wurde schon gezeigt. Die Frage lautet daher, wie man sich zu diesem Problem stellt.

Planen oder nicht planen?

Eine eindeutige Antwort, die für alle Gültigkeit hat, gibt es nicht. Verschiedene Autorenpersönlichkeiten arbeiten in unterschiedlicher Weise. Zudem stellt jedes Schreibvorhaben seine eigenen Ansprüche. Bei einem Krimi, in dem es um die Aufklärung eines Verbrechens geht, ist es nicht schlecht, bereits am Anfang zu wissen, wer der Täter ist. Bei einem Thriller ist das nicht wesentlich. Deswegen wird Ihnen nichts anderes übrig bleiben, als auszuprobieren, wie Sie mit dem jeweiligen Text am besten vorankommen. Lassen Sie sich nur nicht einreden, Ihre Arbeitsweise wäre unangemessen und brächte Sie nicht weiter. Meistens kann man sich selbst vertrauen. Das Vorgehen, bei dem man sich wohl fühlt, der Weg, den man intuitiv einschlägt, ist meistens der richtige. Und das gilt auch, wenn Sie noch keine Erfahrung im Schreiben haben. Wir müssen nachdenken, nachfragen, welche Wege wir gehen sollen, entscheiden dann aber ganz anders und stellen am Ende fest, dass man sich vielleicht doch zu viele Gedanken darüber gemacht hat. Denn Geschichten finden ihren Weg auf das Papier, wenn man sich ihnen öffnet.

Hier seien noch einmal die wichtigsten Erfahrungen zu diesem Problem zusammengefasst, damit es Ihnen leichter fällt, sich für einen Weg zu entscheiden:

✗ Noch einmal möchte ich betonen, dass meiner Meinung nach die interessantesten Ideen durch das Schreiben entstehen und nichts einen Text lebendiger und authentischer werden lässt als das kreative Fließen der Worte, die Verselbstständigung des Schreibprozesses ohne die Anstrengung des kognitiven Denkens. Es ist, als ob sich die Geschichte von allein schreibt, sich aus unseren Gedanken organisch entwickelt, um in einer besonderen, unerwarteten Gestalt vor uns auf dem Papier aufzutauchen. Eine Geschichte darf auf diese Weise entstehen, eine Geschichte, die wir schon immer erzählen wollten, aber nie erzählen konnten.

✗ Ausführliche Planungen hingegen führen zu einer Arbeitsweise, in der wir sehr viel konstruieren, sehr viel nachdenken, sehr viel kontrollieren müssen. Nicht, dass wir nicht dennoch in manchen Arbeitsphasen in einem Schreibfluss Teile der Arbeit ohne bewusstes Nachdenken gestalten. Der Hauptteil bei dieser Arbeitsweise bestünde jedoch in der Umsetzung eines konkreten Plans. Der Vorteil wäre, dass man sich über Figuren, Handlung und Spannungsfragen keine großartigen Gedanken mehr machen müsste, sondern sich auf die sprachliche Umsetzung der Geschichte konzentrieren könnte.

Fragwürdige Ratschläge

In vielen Büchern wird beschrieben, wie solche Planungen aussehen können. Es gibt Schreibdozenten, die die Auffassung vertreten, dass nur eine akribische Planung zu einem guten Buch führen kann.

Sie verlangen eine genaue Kenntnis des Handlungsablaufs, von seinen Plotpoints und Wendepunkten und was sie an Begriffen nicht alles ins Feld führen. Sie listen Dutzende von Fragen auf, die wir an unsere Figuren richten sollen, um sie besser kennenzulernen. In diesen Listen oder Tabellen, die man ausfüllen muss, soll man nicht nur Auskunft über die wichtigsten Charaktereigenschaften geben können, sondern Verwandtschaftsbeziehungen, Kindheitserlebnisse, Schulnoten, bevorzugte Fächer, Hobbys, Neigungen und geschmackliche Vorlieben bis hin zu den Lieblingsgerichten seines Helden bestimmen.

Abgesehen davon, dass ich gar nicht die Zeit hätte, diese ausführlichen Planungen vorzunehmen, zeigt sich, dass die meisten dieser Einzelheiten für den weiteren Verlauf der Handlung völlig unbrauchbar sind. Wieso sollte ich mir detailliert über die Kindheit und die schulische Entwicklung meines Detektivs Gedanken machen, wenn dieser es nicht selbst tut und in der Handlung weder über sein Elternhaus nachdenkt noch Schulnoten reflektiert? Wenn ich eine Figur habe, für die solche Fragen von großer Bedeutung sind, so werde ich mich selbstverständlich um sie bemühen. Aber muss ich das vor dem Schreiben des Textes tun? Warum kann man nicht erst dann über solche Fragen nachdenken, wenn sie sich stellen? Es gibt immer die Möglichkeit, Charakterzüge später zu enthüllen, zu legitimieren, zu motivieren. Es genügen dann oft kleine Änderungen, um große Wirkungen zu erzielen.

Dozenten und Autoren solcher Ratgeber formulieren als Ziel, ohne abzusetzen und nachzudenken einen Text zu schreiben. Damit man das könne, müsse man vorher alles genau planerisch durchdenken. Nur wenn Sie Ihre Figuren wirklich kennen, können Sie einen erfolgreichen Roman schreiben, heißt es in diesen Schreibratgebern.

Diese Aussagen halte ich aus zwei Gründen für problematisch: Erstens sollte über all den Forderungen nach schnellem und geschmeidigem Schreiben nicht vergessen werden, dass Literatur auch etwas mit Denken, mit Nachdenken über sich und die Welt zu tun hat. Zweitens habe ich weiter vorne ja schon davon gesprochen, dass der Autor nicht nur Schöpfer der Geschichte ist, sondern alle Aufgaben zu erledigen hat wie Regie, Bühnenbild, Festlegung der Bewegungen, der Mimik, Aussehen der Schauspieler, Kameraführung und Zeitgestaltung. Der Schreibprozess ist äußerst komplex, dauert lang und fordert unser ganzes Vorstellungsvermögen. Daher kann man keinen Roman einfach durchplanen und ihn dann niederschreiben. Das mag bei einem leichten Unterhaltungsroman funktionieren. Bei komplizierteren Aufgaben aber kann ich nicht alle Bereiche vor dem Schreiben ausarbeiten. So muss man gut überlegen, welche Planungsstrategien für einen selbst geeignet sind.

Auch Stephen King schreibt aus seiner Intuition heraus: Ein Handlungsschema sei die letzte Rettung des Schriftstellers und die erste Wahl des Einfaltspinsels. Und das gilt seiner Auffassung nach genauso für die Figuren und alles weitere. Die Intuition in uns ist ein unglaublicher Schatz und wir sollten uns das Vertrauen auf sie nicht verleiden lassen. Das Schreiben eines Romans ist ein kreativer Schaffensprozess und keine technische Konstruktion. Aber ein Schriftsteller ist auch Konstrukteur, Planung nicht der einzige, aber ein wichtiger Aspekt.

Beim Schreiben sollte die Kreativität durch »offenes Erzählen«, wie ich es nenne, gefördert und nicht durch ein Konzept gesperrt werden. Wenn wir mit geringeren Vorgaben an einen Text gehen, so bleibt die Spannung erhalten, wie sich der Text entwickeln wird. Wir dürfen uns selbst überraschen und das hält uns wach, so wie eine frische Liebesbeziehung voller neuer Abenteuer steckt, Ideen von Gemeinsamkeit hervorbringt und sich schöpferisch entwickelt.

Haben wir hingegen unsere Figuren vor dem Schreiben vollständig entwickelt, sodass wir sie so gut kennen wie uns selbst oder unseren Lebenspartner, dann müssen wir uns die folgende Zeit mit ihrer Art auseinandersetzen, so wie wir sie ausgedacht haben und sie uns jetzt begegnet. Das kann gut gehen, muss aber nicht. Es besteht die Gefahr, dass man sich beim Schreiben langweilt, weil man nun eine Aufgabe abzuarbeiten hat. Und Langeweile beim Schreiben ist tödlich.

Trotz dieser Argumente scheint das geplante Schreiben in unserem technisch geprägten Zeitalter die richtige Methode zu sein. Aber das heißt noch lange nicht, dass der Roman ein Vorhaben ist, das sich durch Planung besser realisieren lässt. Wir sehen an den technischen Bauwerken unserer Zeit, wie schnell sich Ingenieure im Zusammenspiel mit den Anforderungen, die an sie gestellt werden, verplanen und zu keinem befriedigenden Ergebnis kommen.

Drei Positionen lassen sich formulieren: Manche Autoren müssen planen, um aus einer stabilen Position heraus den Text schreiben zu können. Wenn Sie zu diesen gehören, dann müssen Sie Ihre Figuren und Handlungsabläufe genau kennen, bevor Sie beginnen. Richten Sie sich deswegen auf eine längere Planungszeit ein und organisieren Sie frühzeitig ein System, mit dem Sie all Ihre gesammelten Informationen geordnet aufheben können: Personenbäume, Mindmapping und viele andere Techniken der Informationsverwaltung verhindern, dass Sie Ihre Ideen immer wieder neu ordnen müssen.

Sie brauchen bei dieser Arbeitstechnik ebenfalls Ruhe und einen kontinuierlichen Arbeitsprozess, um nicht den Überblick über Ihre Planung zu verlieren. Wenn Sie diese sorgfältig dokumentiert haben, werden Ihnen außerdem längere Unterbrechungen weniger schaden. Dokumentieren Sie regelmäßig alle Veränderungen, wenn der Text von Ihren ursprünglichen Planungen abweichen sollte.

Wenn Sie Ihre Figuren ausreichend durchdacht und zahlreiche Details Ihrer Vorgeschichte im Kopf haben, der Handlungsbogen logisch und motivisch stimmig erschlossen ist, dann müssen Sie nur noch schreiben. Allerdings müssen Sie sich darauf einstellen, dass Ihre Figuren Ihnen im Laufe des Textes dennoch durch den bereits beschriebenen Prozess fremd werden, dass sie unbemerkt Vorstellungen und Gedanken Ihrer eigenen Persönlichkeit annehmen – da hilft Ihnen auch keine ausgefeilte Vorbereitung.

Das kann so weit führen, dass Sie Ihre Planungen noch einmal überdenken müssen: Durch die Veränderung eines Aspekts Ihrer Figur können andere ins Wanken kommen, denn wenn eine wichtige Figur im Orchester der Figurenkonstellation außerplanmäßig agiert, kann es sein, dass Reaktionen und Handlungsweisen anderer Figuren unstimmig oder gar überflüssig werden. Auch kleinste Veränderungen können ein gut durchgeplantes Gefüge durcheinanderwerfen. In so einem Fall kann es sich als günstig erweisen, Widersprüche, die beim Schreiben des Textes entstehen, vorläufig nicht zu beseitigen, sondern den Text erst fertig zu schreiben und dann die Baustellen zu bearbeiten.

Andere Autoren arbeiten ohne Planung. Sie beginnen mit vagen Vorstellungen zu schreiben und lassen sich von ihren Einfällen führen. Das kann vor allem bei Anfängern ins Nichts führen, wenn sie ihre Linie nicht finden und immer wieder auf Abwege geraten, in Sackgassen, in denen sie nicht wenden können. Erfahrene Autoren können mit dieser Vorgehensweise gut zurechtkommen, entwickeln die Ideen für den Text beim Schreiben, müssen aber am Ende noch einmal den Text stark überarbeiten, ganze Teile neu schreiben, da sich viel unbrauchbarer Wildwuchs zwischen den wertvollen Ideen breitgemacht hat.

Die meisten Autoren kombinieren offenes und geplantes Erzählen in einem dynamischen Prozess. Sie konzipieren einen Text, während er entsteht, und verwerfen Konzepte, wenn neue Ideen faszinierende Aspekte offenlegen. Sie planen immer so viel wie nötig, beantworten sich die Fragen dann, wenn sie dringlich werden. Zwischenbilanzen spielen bei dieser Arbeitsweise eine große Rolle. Gelegentlich entsteht das Bedürfnis, die Charaktereigenschaften der Figuren sich selbst ins Gedächtnis zu rufen, manchmal schreibt man ein Exposé, entwirft einen Enthüllungsplan für die nächsten hundert Seiten. Dann ist eine Schlüsselszene zu schreiben und man verbringt einige Tage damit, sich genau zu überlegen, wie man die Figuren handeln lässt, ohne eine Zeile zu schreiben. So entsteht ein lebendiger Arbeitsprozess, der diszipliniert das Unvorhergesehene aufnimmt und positiv verwertet.

Die meisten Probleme lassen sich ohnehin nicht vorhersagen. Sie stehen plötzlich überraschend vor einem. Mit einem große Fragezeichen versehen beunruhigen einen die Worte: Hast du dir nicht überlegt, wie …?

Warum sollte man nicht die Probleme dann lösen und Antworten auf Fragen dann finden, wenn sie sich stellen? Halten wir es in unserem täglichen Leben nicht genauso? Wir versuchen, absehbare Risiken zu vermeiden, wir entwickeln Strategien, aber wir wissen mit einem Quäntchen Lebenserfahrung, dass alle unsere Pläne und das, was wir tun, bedingt ist durch das Schicksal. Alles was wir vorhaben erscheint plötzlich nicht mehr realisierbar durch etwas, was unvorhergesehen in unser Leben tritt. Zumindest ist es beim Schreiben nicht so dramatisch wie im wirklichen Leben.

Fünf Schritte vor dem offenen Erzählen

Wenn Sie noch nicht wissen, wie Sie vorgehen sollen, dann sollten Sie folgende Punkte vor dem Schreiben des Romans festhalten:

Was man beim offenen Erzählen vor dem Schreiben wissen sollte:

X Figuren: Alter, Geschlecht, weltanschauliches Interesse
X aktives Bedürfnis der Figur (Suche nach ...)
X Hauptperson: mindestens zwei wichtige Charakterzüge
X Hypothese (Was wäre wenn ...) oder grundlegende Handlungsidee (Weil ...)
X sprachliche Grundidee

Von den Figuren muss man mindestens eine vage Vorstellung haben. Man sollte wissen, ob sie alt oder jung, männlich oder weiblich sind, ob sie ein Interesse an weltanschaulichen Fragen haben oder nicht. Wichtig ist eine Vorstellung dessen, was die Figur im Text erreichen will. Es ist das »aktive Bedürfnis«, das sich mit dem Begriff der Suche umschreiben lässt. Es wird am Anfang des Textes durch ein Ereignis ausgelöst. In der »Haut der Steine« ist dies Johannas Unfall, der in Judith das aktive Bedürfnis auslöst, die entstandene Distanz zwischen ihr und ihrer Schwester wieder aufzuheben. In jedem Krimi besteht das aktive Bedürfnis des Detektivs darin, das Verbrechen aufzudecken. Das aktive Bedürfnis des Verbrechers ist es, nicht gefasst zu werden.

Im nächsten Schritt werden für die Hauptfiguren zwei wichtige Charakterzüge vorläufig festgelegt. An dieser Stelle ist es nicht verkehrt, sie aus der sozialen oder psychologischen Entwicklung der Figur herzuleiten, sich zu fragen, warum die Figur diesen Charakterzug hat. Dabei geht es nicht darum, die gesamte Kindheit aufzuarbeiten, sondern einige markante Ereignisse aus dem Leben der Figur festzuhalten. Bei Judith war es das mangelnde Interesse ihres Vaters an der Familie, vor allem aber an ihr, welches dazu führte, dass sie an einer stabilen Beziehung zu einem Mann interessiert ist, während Johanna, das Lieblingskind des Vaters, eher sein Lebensmuster übernimmt und ihre Unabhängigkeit über funktionierende Beziehungen stellt.

Ich belasse es hier bei diesen Andeutungen, da diesen Gedanken im zehnten und elften Kapitel noch ausführlicher nachgegangen wird. Alle weiteren Fragen werden die Figuren selbst stellen, sobald der Autor zu erzählen begonnen hat.

Bezüglich der Handlungsmomente sollte man vor dem Schreiben eine grundlegende Idee haben und vielleicht einige Szenen im Kopf, die zeigen, dass die Handlungsidee auch umsetzbar ist. Der Plot, durch den man verschiedene Handlungsmomente in einen kausalen Zusammenhang bringt und miteinander verknüpft (weil Judith ohne Johanna nicht leben kann, folgt sie ihr in den Tod), hilft, auf ein Ziel zuzusteuern.

Im nächsten Schritt folgen die ungefähre Einteilung des Stoffes, die Wahl der Perspektive und all die Arbeiten, die im vierten und fünften Kapitel beschrieben worden sind.

Die sprachliche Gestaltung

Eine Frage wird in den Büchern, die vom Schreiben handeln, sehr selten, fast nie gestellt. Es ist die Frage nach der sprachlichen Gestaltung. Dabei spielt Sprache doch eine zentrale Rolle beim Schreiben eines Romans. Man erfährt wenig über ihre Gestaltung, manchmal ein Kapitel über Dialogtechnik, Adjektive und andere Kinderkrankheiten.

Wenn über Sprache geredet wird, dann in einer Weise, die eine fast technisch-sachliche Erzählweise propagiert. Es wird empfohlen, keine langen Sätze zu formulieren und ungekünstelt zu schreiben. Diese Vorschläge sind mit dem Hinweis versehen, dass es der Leser einem danken wird, und sollen die schnelle Lesbarkeit, gemeint ist die Konsumierbarkeit, von Texten erhöhen. Dass Romane Heimatorte der Sprache sind und eine besondere Sprache, die einen eigenen Ton in sich trägt, wichtig ist, wird oft übersehen.

Wenn wir die erfolgreichen Bücher der letzten Jahre betrachten, so sehen wir, dass die meisten ihrer Autoren sich sehr wohl Gedanken über die sprachliche Gestaltung gemacht haben. Nehmen Sie den Bestseller »Schlafes Bruder« von Reinhold Schneider oder das »Parfum« von Süskind. Oder auch Hemingway, der nicht nur kurze Sätze geschrieben hat, sondern sehr kunstvoll sprachlich zu gestalten verstand. Die oft gehörte und wiederholte Suggestion, Sprache sei nur das Transportmittel für Inhalte und sollte sich durch Unauffälligkeit auszeichnen, wird durch die Verkaufszahlen dieser Autoren widerlegt.

Schreiben bedeutet, sich mit Sprache zu beschäftigen. Schreiben bedeutet Sprache, ihre Worte, Sätze und Wirkungen zu lieben und sich gerne mit ihr zu beschäftigen. Schreiben bedeutet, fasziniert zu sein von der Sprache und ihren Ausdrucksmöglichkeiten und ihnen nachzuspüren, mit ihr zu spielen, zu jonglieren, sie durch Kombinieren zum Glimmen, Glühen und Leuchten zu bringen. Zumindest bedeutet es, eine Sprache zu finden, die dem Thema, dem Text, der eigenen Person und dem zu erwartenden Leser entspricht und gefällt.

Man kann auf vielfältige Weise mit Sprache umgehen, und ein Lyriker wird dabei anders vorgehen als ein Prosaschriftsteller.

Für denjenigen, der einen Roman schreibt, gibt es eine Institution, die für die Art und Weise, wie wir Sprache gebrauchen, verantwortlich ist. Das ist der Erzähler unseres Textes. Der Erzähler ist eine Rolle, in die wir als Autoren schlüpfen, um die Geschichte zu erzählen. Dem Erzähler werden Worte und das Wissen über die Geschichte verliehen. Er erscheint entweder in der Ich-Erzählsituation, allwissenden oder personalen Erzählsituation. All diese Erzähler brauchen eine Sprache. Sie können blumig oder nüchtern, beredt oder wortkarg das Geschehen schildern. Sie können umständlich oder direkt erzählen. Sie können ironisch oder ernst sein. Überlegungen zu solchen Erzählpositionen, der Art und Weise, wie der Erzähler Sprache verwendet, sind für viele Autoren unerlässlich, um überhaupt einen Roman schreiben zu können. Beim Schreiben wird sich der Ton einer Erzählung oft finden lassen. Häufig achten aber unerfahrene Autoren nicht darauf, welche Bedeutung dem Erzählton zukommt. Es geht bei diesen Überlegungen nicht nur um künstlerischen Mehrwert. Es geht um grundsätzliche Probleme des Erzählens. Mit welcher Sprache erzählt man beispielsweise einen historischen Roman? Mit der Sprache, wie sie zu der Zeit gesprochen und geschrieben wurde, in welcher der Roman spielt, das dürfte in den seltensten Fällen möglich sein. Wie kann man aber dennoch den Anschein von Historizität erzeugen? Wie stark soll dieser Effekt ausgeprägt sein? Gelingt uns das durch die Erfindung einer Kunstsprache, wie es auf den Mittelaltermärkten der Fall ist, wo nicht mit Euro, sondern mit Dukaten gehandelt wird und ein Trinkgeld als Obulus, eine Badewanne als Zuber bezeichnet wird? Ist das glaubwürdig, reicht es aus, um den Leser in die Welt der Vergangenheit zu versetzen oder durchschaut er diese Konstruktion?

Oder die Ereignisse werden von einem Erzähler, der heute lebt, in zeitgenössischer Sprache wiedergegeben. Oder Sie erzählen die Geschichte in neutraler, zeitloser Sprache, die weder modern noch historisch klingt. Antworten auf solche Fragen muss jeder selbst finden, aber es ist nötig, sich diese Fragen zu stellen, weil der Leser ohne eine durchgängige Sprache den Text niemals als authentisch wahrnehmen wird.

Für mich war eine bildreiche Erzählweise mit anschaulichen Details das Ziel. Anders als bei meinem zweiten Roman, den ich aufgrund des Themas karg und nüchtern erzählt habe, sollte »Die Haut der Steine« ein kraftvoller Text werden, mit detailreicher Beschreibung und atmosphärisch dichten Stellen, die mit Bedeutung aufgeladen wurden.

> »Die Mutter stand vor dem Fenster. Sie drehte sich nicht um, als Judith in die Küche trat, bewegte sich nicht, starrte durch ihr eigenes Spiegelbild hinaus auf die Felder. Ganz langsam wendete sie ihren mageren Körper Judith zu, wischte sich die Hände an ihrem Rock ab.«

Anstatt »wischte sich die Hände an ihrer Schürze ab«, eine häufig benutzte Wendung, tauschte ich hier bewusst das Objekt aus, um über die Spracherwartung des Lesers hinaus die Stelle mit Bedeutung aufzuladen, wodurch der Leser mehr über die Mutter erfährt. Ihr Zustand ist ernst, denn keine Frau wischt sich die Hände an ihrem Rock ab, schon gar nicht, wenn sie aus einer höheren bürgerlichen Gesellschaftsschicht stammt.

Inmitten meiner Arbeit an den ersten Kapiteln las ich zum ersten Mal William Faulkner. Ich las den Roman »Licht im August« sowie verschiedene Erzählungen und merkte, dass ich alles, was ich geschrieben hatte, mit dieser Sprache nicht weiterschreiben konnte. Ich musste mich noch mehr um eine literarisch interessante Sprache bemühen. Ich begann noch einmal von vorn, und so entstand unter anderem folgender Bewusstseinsstrom in Judiths Wahrnehmung nach ihrem Besuch im Krankenhaus am Ende des zweiten Kapitels:

»Zwischen den Häusern schimmerte der See. Judiths Lider schlossen sich langsam, aber sie wollte nicht schlafen. Sie wollte wach bleiben, die Entfernung erleben, die sie überwand. Die Augen fielen ihr zu. Wenn sie die Lider hob, sah sie den See, die Berge, die lange Dünung der Hügel und Dörfer, aufgeschnittenes Land, das sich vor dem Fenster senkte. Immer wieder schlief sie ein. Unter dem Laken, dem Stoff, den Verbänden atmete Johanna, Geröllhänge, Böschungen, hörst du, sag was, Blasenbildung, aufgeplatzte Haut, Furchen, Kanäle, ablaufende Flüssigkeit, Schläuche, Kanäle, Landschaftskatheter zwischen Baggerseen, Lichtwurf im fallenden Grün der Waldreste am Horizont.«

Ich habe versucht, Bilder von Johannas zerstörtem Körper mit Bildern der Landschaftszerstörung zu verbinden, die Judiths Bewusstsein im Halbschlaf wahrnimmt. Für den überwiegend realistisch geschriebenen Roman ist das eine außergewöhnliche Stelle, die sich aber aus der Traumverlorenheit von Judith rechtfertigt. Es gibt einige solcher Bewusstseinsströme, die sich sonst aus Judiths Erinnerungen speisen. Sie geben dieser Figur, die ansonsten klar strukturiert ist, einen träumerischen Aspekt, der über sie hinausweist. Für mich sind Judiths Bewusstseinsströme die schönsten Stellen, die zu schreiben mir am meisten Vergnügen bereitet haben. Ich glaube, ich würde alle Schwierigkeiten dieses Romans ein zweites Mal auf mich nehmen, nur um noch einmal diese Zeilen schreiben zu dürfen.

Jeder hat eine eigene Weise, mit Sprache umzugehen, hat persönliche Sprachfähigkeiten und verbale Intelligenz, um seinen Roman mit poetischer oder realistischer Sprache zu gestalten. Es gibt zu viele Gestaltungsmöglichkeiten, um sie hier aufzuzählen. Der eigene Ton eines Erzählwerkes hängt von dieser Gestaltung ab. Lektoren und Verleger achten sehr genau darauf, ob das Werk in Alltagssprache oder einer gut durchgearbeiteten, angemessenen Sprachwelt erzählt ist.

Planung und Offenheit: Beides muss es geben. In verschiedenen Anteilen zu verschiedenen Momenten. Lassen Sie sich nicht einreden,

Sie würden zum Typ des Konstrukteurs oder des Kreativen gehören. Solche Einteilungen haben mit der Realität des Schreibens wenig zu tun. Auf der einen Seite werden Sie planen müssen und auf der anderen Seite werden Sie manchmal fasziniert sein von intuitiven Ideen, die all Ihre Planungen zur Makulatur werden lassen. Zuweilen wird Ihnen nichts einfallen und Sie werden sich einen Block nehmen und einfach überlegen, wie die Figur ihre Kindheit verbracht hat.

Intuition und Konstruktion: Beides gehört zum Schreibprozess, beides ergänzt sich. Das Schreiben von Romanen ist so schwierig, dass es nichts bringt, auf eine der Arbeitsmethoden verzichten zu wollen. Sie werden in jedem Projekt immer wieder aufs Neue herausfinden müssen, welche Methode sich am besten auf den vorliegenden Fall anwenden lassen. Auch dafür braucht es Gespür, das erst zunehmende Erfahrung beim Schreiben vermitteln kann. Halten Sie nur Ihren Werkzeugkasten offen. Verzweifeln Sie nicht, wenn etwas nicht gelingt. Sie haben vielleicht nur das falsche Werkzeug zur Hand.

Kapitel 9:

Die Zentralgeschichte und ihre Fokussierung

Nachdem ich mein Studium beendet hatte, bekam ich die ersten Buchaufträge, von denen ich leben konnte. Es waren Übersetzungen und Ghostwriterarbeiten für kleinere und größere Verlage. Ich wurde Mitglied im Schriftstellerverband und organisierte mein Leben neu, unterrichtete Literatur und sah zufrieden in die Zukunft, da ich ja schon erreicht zu haben schien, was ich eigentlich tun wollte.

Aber einen Roman, einen eigenen Roman hatte ich immer noch nicht veröffentlicht, schlimmer noch, ich hatte ihn immer noch nicht geschrieben. Da war dieses halbbegonnene Manuskript, das einen Konstruktionsfehler in sich trug, den ich nicht beseitigen konnte. Aber etwas Neues anzufangen, dazu konnte ich mich nicht entschließen. Außerdem war mein Bedürfnis, diese Geschichte zu erzählen, immer noch sehr groß. Ich konnte und wollte mich nicht von den Figuren lösen. Die Handlung, die Gedanken, die dahinter standen, das Geflecht der Satelliten – es war mir so präsent und wichtig, es war wie eine vergangene Zeit, mit der man nicht abschließen kann, die in einem weiterlebt.

Und wieder die Autorenpersönlichkeit

Ich wohnte damals in einem Altstadthaus in München, über zehn Jahre hatte ich in diesem denkmalgeschützten Haus aus dem 15. Jahrhundert verbracht. Es lebten eine Reihe interessanter Menschen darin. Alte Menschen, die in dem Haus geboren worden waren, junge Wissenschaftler, Arbeiter, einige Familien, Einzelgänger, Gastarbeiter. Wir renovierten das Haus selbstständig und hielten es instand, die Türen standen offen und die Kinder wechselten nach Belieben die Wohnungen. Auf dem Dach hatte ein Mieter eine Altane gebaut, wo wir die Sommerabende über den Dächern von München verbrachten. Dieses Haus mit seinen unterschiedlichen Bewohnern war mir viel schneller zur Heimat geworden, als es die sterile Siedlung meiner Kindheit und Jugend jemals war. Hier fand ich die ganze Wärme und den Reichtum des Lebens, den ich mir immer gewünscht hatte, hier hatte ich das Gefühl, in etwas hineingeraten zu sein, das Wurzeln besaß.

Als unsere Vermieterin, die von allen nur »unsere Hausfrau« genannt wurde, verstarb, verkauften ihre Kinder das Haus an einen Spekulanten. Er war dafür bekannt, die Mieter günstiger alter Wohnungen – meistens alte Menschen – mit brachialen Methoden zu vertreiben, das Haus zu sanieren und teuer zu vermieten oder zu verkaufen. Wir hatten das Unglück, an ihn zu geraten, waren aber nicht seine ersten Opfer und so waren Mieterverein, städtische Stellen, die Presse und andere Institutionen zur Stelle, um uns zu unterstützen. Es entspann sich aufgrund unserer Hartnäckigkeit eine der härtesten Auseinandersetzungen, die in München je stattgefunden hatten. Während der Spekulant unter unseren Füßen begann, das Haus abzureißen, versuchten wir uns zu schützen, wehrten uns mit allen juristischen Möglichkeiten und versuchten, die Öffentlichkeit auf uns aufmerksam zu machen. Die Tage begannen mit dem morgendlichen Besuch von Polizei und Staatsanwaltschaft, die Straftaten wie Siegelbrüche aufnahmen. Irgendwann mittags tauchten Bauarbeiter auf, die eine Wand einrissen oder Speicherabteile aufbrachen. Einer von uns lief dann zur Lokalbaukommission, deren Beamte die Arbeiten verboten; die Baustelle erneut versiegelten. Am Nachmittag ging es mit Terminen mit Rechtsanwälten weiter, mit dem Mieterverein, mit Journalisten, es gab Lagebesprechungen, Wacheinteilung. Am Abend kam oft die Feuerwehr, um die Schäden zu sichten und Sicherungsmaßnahmen vorzunehmen, wie beispielsweise das Dach vor dem Abrutschen zu schützen.

Es war eine mehrjährige Auseinandersetzung, in deren Verlauf die Hälfte der Mieter an indirekten Folgen dieses Entmietungskampfes verstarb. Einige wurden obdachlos, andere zogen im Laufe der Zeit fort, ließen sich abfinden. Der bayerische Landtag beschäftigte sich mit dem Fall, häufig konnte man in einer der großen Tageszeitungen aktuelle Informationen dazu finden, auch das Fernsehen berichtete.

Ich machte in dieser Zeit ganz wesentliche Erfahrungen. Ich lernte, dass befreundete Rechtsanwälte sich oftmals nicht so einsetzten, wie man es von ihnen erwartet hatte. Mein Verhältnis zur Polizei, die sich in den letzten Jahren für die Mieter sehr engagierte, veränderte sich. Überhaupt das Verhältnis zu Menschen, die ihre Heimat verlieren; ich konnte es nachfühlen, weil ich selbst erleben musste, was es bedeutet, vertrieben zu werden. Nach dem Unfall meiner damaligen Lebensgefährtin war es das zweite Mal, dass ich in existenzielle Konfliktsituationen geriet, die mein Denken veränderten.

Und so überlegte ich, ob ich die Geschichte der Entmietung literarisch umsetzen sollte. Ich wollte meine Erfahrungen weitergeben und es lag mir am Herzen, dass die Bewohner und das Leben in dem Haus nicht so schnell vergessen würden.

Ich hatte das angefangene Romanmanuskript vor mir und überlegte, die Handlung des ersten Teils der »Haut der Steine« in das Haus zu verlegen, aus dem ich schließlich ausziehen musste. Dazu waren Änderungen nötig, die unschwer zu bewerkstelligen waren. Anton war nun der Hauptmieter und Judith seine Untermieterin. So war es für sie auch leichter möglich, die Wohnung zu kündigen. Die beiden waren die letzten Mieter in diesem Haus, und abgesehen davon, dass Anton das Haus liebte – hier entwickelte sich natürlich eine starke Parallele zu meiner persönlichen Geschichte –, galt es die Frage zu klären, warum Anton nicht einfach diesen Schwierigkeiten ebenfalls aus dem Weg ging und sich lieber auf seine künstlerische Laufbahn konzentrierte, als sich mit einem Bauspekulanten zu streiten. Ich fand die Antwort darin, dass Johanna ihm vor ihrer Abreise das Versprechen abgenommen hatte, auf Judith aufzupassen (was ihre Rolle in der eigenen Familie gewesen war) und nicht nachzugeben, nicht zu weichen, sondern weiter für sein Recht zu kämpfen. Er konnte also nicht anders handeln, weil er sonst fürchten musste, Johannas Sympathie zu verlieren.

Die ersten Arbeitsschritte ermutigten mich, auf diesem Weg weiterzugehen. Vor allem hatte ich nun für Anton eine Beschäftigung gefunden, die ihn aktiv handeln lassen konnte in der Auseinandersetzung mit dem Bauspekulanten, ohne dass ich meine Grundidee vom Bild der Satelliten aufgeben musste.

Die Zentralgeschichte finden

Es war ein sehr gefährlicher Weg, den ich einschlug. Denn ich hatte es nun mit zwei Geschichten zu tun: Zum einen war die Geschichte von Johannas Unfall weiterzuerzählen, zum anderen die Geschichte von der Entmietung eines Hauses. Und beide hatten nicht wirklich viel miteinander zu tun, sie waren nur durch Anton lose miteinander verknüpft. Leser wollen aber in der Regel eine Geschichte lesen und nicht mehrere. Auch Verlage bevorzugen Bücher, in denen klar ist, wovon der Text hauptsächlich handelt, allein schon wegen der Frage des Zielpublikums, des Programms und des Marketings. Wie soll man ein Buch bewerben oder verkaufen, das zu viel will? Ein Allzweckroman, der Lesebedürfnisse verschiedenster Zielgruppen abdeckt, ist sehr selten. Manche Bücher schaffen das: Umberto Eco hat mit »Der Name der Rose« ein Werk vorgelegt, das sowohl den Liebhaber anspruchsvoller Krimis als auch den philosophisch Gebildeten anspricht sowie jemanden, der gern historische Romane liest. Aber das sind Ausnahmen. Natürlich ist es nicht so, dass in einem Buch nicht zugleich eine Liebesgeschichte und eine Kriminalgeschichte vorkommen dürfen und natürlich darf das Ganze vor dem Hintergrund komplizierter politischer Umbruchsituationen spielen. Und wenn die Figur dem Leser noch eine philosophische Erkenntnis weitergeben kann, umso besser. Aber es muss klar sein, welches die Hauptgeschichte ist, die den Text dramaturgisch führt.

Es kommt immer wieder vor, dass versucht wird, nicht funktionierende Geschichten aufzubessern, indem eine zweite Geschichte hinzugenommen wird. Anstatt die Lösung des Problems innerhalb der Geschichte zu suchen, die man eigentlich schreiben will, wird eine zweite Geschichte hinzugefügt, um die Schwächen der ursprünglichen zu verdecken. So wird in einer Liebesgeschichte ein Mord inszeniert, dazu kommt ein politisches Thema, und so weiter. Geschichten werden aufgemotzt mit spektakulären Ideen und Vorfällen, die aber nicht dazu führen, dass das Ganze besser wird – im Gegenteil. Sehr häufig wird das gleiche Geschehen aus zwei unterschiedlichen Perspektiven erzählt, was lediglich dafür sorgt, dass der Leser durch Überschneidungen von Wahrnehmungen gelangweilt wird.

Abgesehen davon, dass diese spektakulären Ereignisse, die hinzukommen, oft konstruiert wirken, führt das Addieren neuer Handlungselemente zu einem Aufblähen des Erzählten. Neue Elemente bedeuten mehr Figuren, mehr Handlung, mehr Raumbeschreibung, insgesamt mehr Konstruktion. Je mehr ich aber davon beschreiben muss, desto weniger Raum bleibt mir, um die Idee zu vertiefen, aus dem Kleinen das Bedeutende herauszuholen. Ich glaube, dass es im Arbeitsprozess darum geht, Geschichten kleiner zu machen. Sie sollen zu einem Kern werden, in dem Erfahrungen und Wesen unserer Welt kompakt und interpretierbar vorliegen.

Deswegen ist es wichtig, sich im Laufe der Arbeit immer wieder Gedanken darüber zu machen, welche Geschichte von all den Handlungssträngen und -ebenen die Leitgeschichte ist, die zentrale Geschichte, an der alles andere hängt.

Besser ist es, die verschiedenen Themen, die angesprochen werden, zu hierarchisieren, sich zumindest zu überlegen, welches das Wichtigste in dem Projekt ist. Ist die Lösung des Kriminalfalls wichtiger als die Liebe zwischen dem Kommissar und der Beamtin der Spurensicherung? Oder geht es um die Unmöglichkeit einer Liebesbeziehung vor dem Hintergrund eines schrecklichen Verbrechens? Wie man sich auch entscheidet, man muss eine Lösung finden und sich für eine Zentralgeschichte entscheiden.

Eine Entscheidungshilfe kann das aktive Bedürfnis der Hauptfigur bieten: Was will sie erreichen? Wenn sie nur ein aktives Bedürfnis hat, dann hat man es leicht und kann sich darauf verlassen, dass an diesem die Zentralgeschichte des Buchs hängt. Hat die Figur mehrere aktive Bedürfnisse, was nicht selten vorkommt und für umfangreiche Texte normal ist, dann sollten Sie überlegen, welches das wichtigste ist. Für Sie als Autor, aber auch für die Figur. Dadurch wird dann der Haupt-Spannungsbogen gebildet. Die anderen aktiven Bedürfnisse treten in Nebenhandlungen in den Hintergrund, schwingen als spannungsreiche Ebene mit und können schließlich im Höhepunkt der Geschichte wiederum eine starke Rolle spielen, bei dem sich die Figur zwischen verschiedenen Bedürfnissen entscheiden muss.

Anton hatte zwei aktive Bedürfnisse, eigentlich sogar drei. Zum einen wollte er an der Kunstakademie aufgenommen werden. Das war für die Handlung als Ausgangspunkt wichtig, spielte aber dramaturgisch keine Rolle im weiteren Verlauf. Das zweite aktive Bedürfnis war sein Wunsch nach einer Beziehung mit Johanna und das dritte bestand darin, im Kampf mit dem Spekulanten Vleutz zu siegen.

Ich hatte damit zwei Geschichten zu erzählen. Die Geschichte von Johannas Unfall und die Geschichte seiner Auseinandersetzung mit dem Entmieter. Ich hätte mich entscheiden müssen und vermutlich würde ich es heute auch tun. Damals habe ich zwar die Gefahren erkannt, aber ganz durchschaut habe ich die Probleme nicht.

Ich wusste aber, dass ich aus diesen zwei Geschichten eine Geschichte machen musste. So entstand der Titel »Die Haut der Steine«. Da Johanna bei dem Autounfall schwere Verbrennungen erleidet, hatte ich mich schon mit dem Thema »Haut« beschäftigt. Ich hatte dazu recherchiert und einige Passagen geschrieben, in denen die Haut eine wichtige Rolle spielt. Wenn ich aus dem Haus, aus dem ich vertrieben werden sollte, hinaussah, sah ich, wie sie Haken in die alte Fassade getrieben hatten, um das Gerüst aufzustellen. Das war für mich ein furchtbarer Anblick: der durchbohrte Putz, die Haken, die das Gerüst hielten, wie Pfähle im Fleisch. Auch war das Haus für seine Bewohner wie eine Haut, die sie schützte, und so war es naheliegend, die Begriffe zusammenzufügen: »Die Haut der Steine«. Womit ich auch andeutete, dass man darüber nachdenken kann, ob meine Figuren wie versteinert handelten, keine Wahl hatten oder nur einen Weg zu gehen bereit waren. Ich versuchte an jeder Stelle, an der es sinnvoll schien, dieses Motiv anklingen zu lassen.

Wie man aus zwei Geschichten eine macht

Aber es war mir klar, dass das nicht ausreicht, um aus zwei Geschichten eine zu machen. Und so suchte ich nach einer Möglichkeit, die beiden Geschichten möglichst eng miteinander zu verknüpfen, sodass sie notwendigerweise zusammenwuchsen.

Die Skizze in veränderter Form nach Auftreten der neuen Idee:

Skizze 6

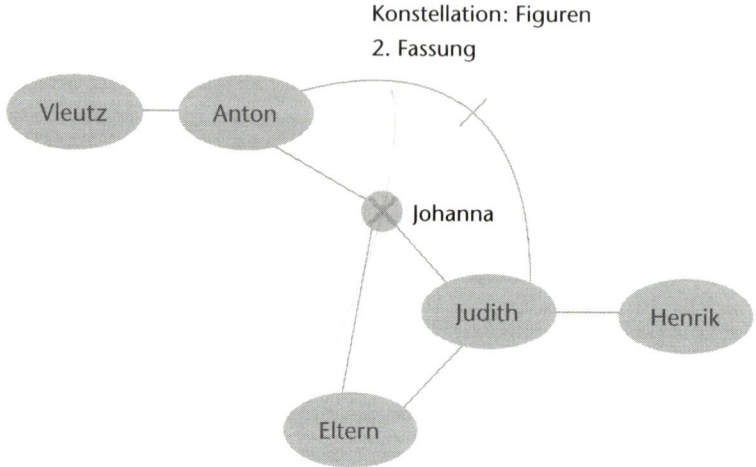

Konstellation: Figuren
2. Fassung

Nun musste ich auf der Figurenebene eine Verbindung ziehen, die beide Geschichten zusammenbrachte. Verschiedene Möglichkeiten boten sich an, aber nur eine konnte den gewünschten Erfolg bringen. Wenn man eine Verbindung zwischen Vleutz und den Eltern von Judith und Johanna gezogen hätte, wäre nichts gewonnen. Die Eltern sind selbst Nebenfiguren, Vleutz aber Hauptfigur, und deswegen hätte es auf die Geschichte keine Auswirkungen gehabt. Auch die Verbindung zwischen Johanna und Vleutz ist nicht sinnvoll: Da Johanna im Koma liegt, konnten sich keine neuen Handlungsmomente durch sie entwickeln, die Geschichte hätte sich nicht verändert. Vleutz stünde nur in einer zusätzlichen Konkurrenz zu Anton, die nicht weiterführte.

Die einzige Verbindung, die etwas bewirken konnte, war jene zwischen Vleutz und Judith, die eine wichtige Rolle im Handlungsgeflecht spielt. Man kann der Skizze entnehmen, dass die Personenkonstellation dadurch dichter und enger zusammengefügt wird.

Skizze 7

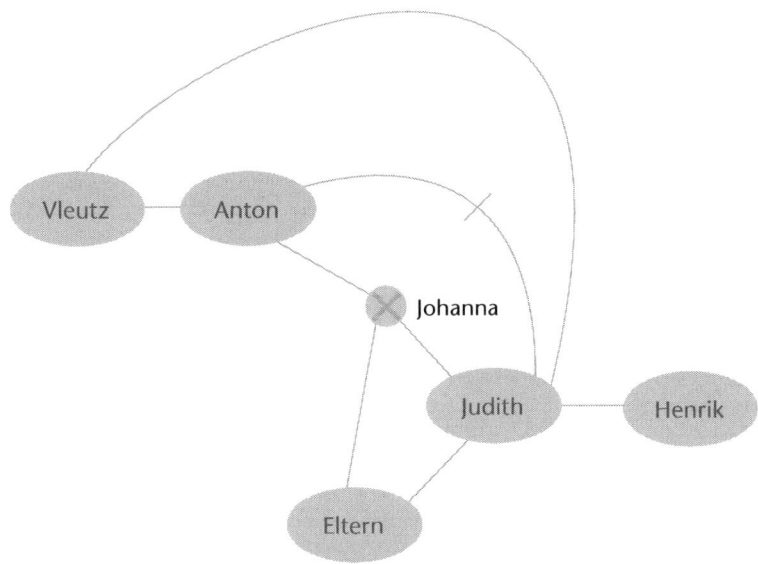

Es war nicht leicht, die beiden zusammenzubringen. Ich suchte nach einer Gemeinsamkeit, die ihre Beziehung rechtfertigte. Ich schrieb eine Szene, in der sich beide zufällig begegnen, in der Vleutz sich Judith nähert, um sie auszuhorchen und auf seine Seite zu ziehen. Das war eine der Szenen, die mir am meisten Kummer bereitete, da ich nicht einschätzen konnte, ob sie glaubwürdig war. Ich habe sie bewusst kurz gehalten, in einer Mischung aus Figuren- und Erzählerrückblick verfasst, sodass sie, stark gerafft, kaum noch auffällt. Andererseits bemühte ich mich, die demagogische Wirkung von Vleutz hervorzuheben, seine Ausstrahlung, mit der er so viele Menschen auch in der Realität getäuscht hatte.

»Judith verstand nicht mehr, warum sie sich nicht einfach umgedreht hatte und gegangen war. Stattdessen hatte sie seine Fragen beantwortet, unsicher und vorsichtig. Sie habe keine Zeit, mit ihm zu sprechen, müsse in die Schweiz fahren, sagte sie, worauf er meinte, das treffe sich gut, er müsse auch nach Zürich, morgen, und wenn sie wolle, könne sie mit ihm fahren, er hole sie morgen ab.

›Gut‹, sagte Judith, unfähig zu überlegen, was sie eigentlich wollte und ob ein ›Gut‹ bereits Zustimmung bedeutete.«

So kam es also, dass ich Judith und Vleutz auf die Reise schicken konnte. Unsicher, ob mir der Leser das abnahm, stellte ich aber fest, dass die Beziehung zwischen Vleutz und Judith psychologisch interessant war und dramaturgisch viel brachte. Denn Judith hatte genug von Männern wie Anton und Henrik und wünschte sich in Anlehnung an ihr Vaterbild endlich einen Mann, der wusste, was er will. Andererseits konnte sie natürlich nicht billigen, was Vleutz tat. So hatte ich die Gelegenheit, viele Dinge zu dem Thema Entmietung zu sagen, indem ich sie in nächtlichen Gesprächen zwischen Vleutz und Judith unterbrachte. So wurde auch Judith interessanter, die nun in einem inneren Konflikt stand. Darf man mit einem Mann zusammen sein, der solche Dinge tut? Eine Frage, die in nicht wenigen Beziehungen unserer Zeit eine Rolle spielt.

Ich hatte dadurch, dass Vleutz nur aus dem Grund mit Judith zusammen war, um Anton aus der Wohnung zu vertreiben, für Judith eine starke Handlungsoption für den Moment, in dem sie erfährt, dass Vleutz sie hinters Licht geführt hat.

Das Wichtigste war aber, dass sich durch diese Konstellation ein neues Spannungsgefüge aufbaute, das wie eine Schaukel immer stärker zu schwingen begann, bis es in einem apokalyptischen Moment zusammenbrach.

Der Leser weiß mehr

Immer wenn es zu einer Interaktion zwischen Vleutz und Anton kam, bekam es Judith mit. Sie verstand aber nie, warum Vleutz so handelte. Der Leser dagegen schon. Umgekehrt musste Vleutz alle Bewegungen von Judith mitvollziehen, um ihr nahe zu sein. Anton bemerkte, dass Vleutz sich seltsam verhielt, konnte es aber nicht deuten. Die gelegentlichen Treffen zwischen Judith und Anton steigerten nochmals die Spannung, weil immer die Möglichkeit bestand, dass alles aufflog. Da Judith aus naheliegenden Gründen schwieg, erfuhr Anton weder etwas über die Beziehung zwischen Vleutz und Judith, noch konnte er sich Vleutz' Verhalten begreiflich machen.

Der Leser aber weiß von alldem, und so baut sich eine Spannungsart auf, die als *suspense* bezeichnet wird. Die Spannung entsteht mit geringen Mitteln nicht dadurch, dass dem Leser etwas verschwiegen wird, sondern dadurch, dass der Leser zum Mitwisser wird, der das Unheil kommen sieht, aber nichts daran ändern kann. Er erwartet ein Ereignis, von dem er nicht weiß, wann und in welcher Form es eintritt. Diese Spannungsart gibt es im Kasperltheater, wenn das Krokodil hinter Kasperl auftaucht und die Kinder ihn zu warnen versuchen, im Boulevardtheater, wenn die Ehefrau ihren Liebhaber vor dem heimkehrenden Ehemann im Schrank versteckt und der natürlich dort seinen Mantel aufhängen will ...

Im Roman »Die Haut der Steine« beginnt dieses Mittel zu wirken, sobald Judith mit Vleutz unterwegs ist. Durch diese Spannungsschaukel gelang es schließlich auch, aus den zwei Geschichten eine zu machen. Als ich gemerkt habe, welcher Effekt eintrat, habe ich die Handlung bewusst so konzipiert, dass sie sich auf die anderen Figuren auswirkt, diese zu einer Reaktion zwingt, welche wiederum zurückgetragen und mit einer stärkeren Reaktion beantwortet wird. Durch dieses Mittel haben sich die Geschichten immer stärker ineinander verzahnt.

Erst spät hatte ich ein Konstruktionsprinzip gefunden, mit dem ich das Kreisen um Johanna zeigen und gleichzeitig spannend erzählen konnte. Auf einem mehrere Meter langen Papierstreifen habe ich den Verlauf der Handlung aufgezeichnet. Als das geschehen war, gelang es mir, den Text bis zu seinem Ende durchzuschreiben. Damit waren aber bei Weitem noch nicht alle Schwierigkeiten beseitigt.

Kapitel 10:

Enthüllungen mit Nebenfiguren und Tiefenstrukturen der Charaktere

Ohne Zweifel ist die Gestaltung der Figuren eine der wichtigsten Aufgaben beim Schreiben von Romanen. Dabei gehen seit Aristoteles die Meinungen auseinander, ob die Figuren nur dazu da sind, Handlungen und ein Geschehen zu verdeutlichen, oder ob wir Handlungen beschreiben, um die Charaktere und ihre Eigenschaften herauszuarbeiten.

Ganz gleich, welcher Meinung man sich anschließt – die Überlegung lohnt sich, ob Handlung oder Figuren im eigenen Werk im Vordergrund stehen sollen, denn daraus ergeben sich einige Konsequenzen. Bei einer spannungsgeladenen, ungewöhnlichen Handlung braucht man weniger stark ausgeformte Charaktere, da die Handlung die Aufmerksamkeit des Lesers in Anspruch nimmt. Das gilt auch für komische oder satirische Texte, in denen Figuren weniger stark individualisiert werden, damit die komischen Effekte deutlich werden.

Wenn hingegen die Charaktere wichtiger sind als die Handlung, wenn bestimmte Verhaltensweisen oder menschliche Eigenschaften fokussiert werden, dann genügt es, die Handlung nicht zu dicht zu gestalten, damit die Figur in ihrer Art besser zum Ausdruck kommt und der Leser nicht von ihr abgelenkt wird. Das soll nicht heißen, dass der Text ohne Handlung auskommt, aber sie wird den Text nicht dominieren.

Wenn man sich dafür entscheidet, den Schwerpunkt auf die Handlung zu legen, darf man niemals die Arbeit an den Figuren vernachlässigen, denn Literatur handelt in erster Linie vom Menschen, nicht von Ereignissen oder besonderen Vorkommnissen.

In den vorangegangenen Kapiteln wurde schon geschildert, dass es oft wenig Sinn macht, Figurenkonzeptionen zu planen, sondern sie stattdessen im Laufe des Textes entstehen zu lassen. Sie formen

sich langsam aus, gewinnen erst im Arbeitsprozess richtige Gestalt. Dennoch soll hier gezeigt werden, was vor Beginn der Schreibarbeit oder im Laufe der ersten Fassung an Überlegungen angestellt werden kann.

Haupt-, Neben- und Botenfiguren

Literarische Figuren lassen sich in drei Gruppen einteilen: Es gibt die wichtigen Charaktere oder Hauptfiguren, dann die Nebenfiguren, die unterschiedlich wichtig sein können, und die sogenannten Botenfiguren. Echte Nebenfiguren erfüllen wesentliche Funktionen für die Figurenkonstellation und sind unersetzbar in ihrer Besonderheit. Botenfiguren hingegen führen kleine Handlungen aus, treten nur einmal oder wenige Male auf und werden vom Leser kaum beachtet. Obwohl diese Figuren keine große Bedeutung haben, können sie Probleme bereiten. Es genügt, Botenfiguren in ihrer Funktion zu benennen und zu zeigen. Man darf sie dabei nicht zu interessant darstellen. Stellen Sie sich folgende Szene vor: Bei der Hauptperson kommt ein Briefträger vorbei. Eigentlich soll er nur einen Brief übergeben, doch dann beginnt er eine Geschichte zu erzählen und Sie geben ihm gerne den Raum, dies zu tun, da Sie der Meinung sind, dass alle Figuren zu ihrem Recht kommen sollen. Aber diese Geschichte ist so interessant geraten, dass der Leser sich lieber mit dem Briefträger beschäftigt und der Frage, wie es mit ihm weitergeht. Das Interesse des Lesers schwenkt ab, es verschiebt sich von der Hauptfigur und Haupthandlung auf eine unbedeutende Angelegenheit. Der Leser wird enttäuscht reagieren, wenn er später nichts mehr darüber erfährt. Manche nennen so eine Situation »Blindmotiv«.

Bei diesem Vorgang wurde aus der Botenfigur »Briefträger« eine Nebenfigur. Denn die Hauptfigur, die sich an der Tür die Geschichte des Briefträgers anhört, wird in irgendeiner Weise darauf reagieren. Anhand dieser Reaktion erfährt der Leser etwas über den Charakter der Hauptfigur. Einen Charakterzug der Hauptfigur zu enthüllen, ist Aufgabe der Nebenfiguren. Wenn Nebenfiguren das nicht tun, sind sie Boten. Und wenn sie dabei keine Aufgabe haben, überflüssig.

Es ist wichtig, sich die Bedeutung von Nebenfiguren klarzumachen, da sie zu oft als freundliches Beiwerk angesehen oder nicht von

Botenfiguren unterschieden werden. Da man anhand von Nebenfiguren die Hauptfiguren gestalten und enthüllen kann, darf man nicht leichtfertig darüber hinweggehen. Jede Nebenfigur enthüllt einen Charakterzug der Hauptfigur. Nebenfiguren müssen dramaturgisch gesehen nicht unbedingt Menschen sein. Auch Tiere, Pflanzen, Gegenstände, ja sogar Erinnerungen können die Aufgabe einer Nebenfigur übernehmen.

Die Funktion von Nebenfiguren

Wenn es wenig Nebenfiguren in einem Roman gibt, wie in »Die Haut der Steine«, so übernehmen die anderen Hauptfiguren die Rolle von Nebenfiguren.

Anton hat folgende Charakterzüge, die von den anderen Figuren enthüllt werden:

1. Es fällt ihm schwer, das zu sagen, was er denkt, er hat Hemmungen, seine Meinung auszudrücken, sich über seine Gefühle zu äußern. Das zeigt sich besonders in seinen Gesprächen mit Judith.
2. Er ist beseelt von der Vorstellung einer romantischen Liebesbeziehung, die ihn glücklich machen soll. Das spiegelt sich in seinem Verhalten gegenüber Johanna wider.
3. Er ist bereit, für sein Recht zu kämpfen und wählt dabei unangemessene Mittel. Das zeigt sich an seinen Auseinandersetzungen mit dem Bauspekulanten Vleutz.

In folgender Szene ist zu erkennen, wie die ersten beiden Charakterzüge gleichzeitig von den verschiedenen Figuren dargestellt und enthüllt werden. Auslöser ist Judith mit ihrem Verhalten. Durch sie wird Anton an Johanna erinnert und er flüchtet sich in seine Gedanken an sie.

»Nachts hörte er, dass sie die Tür aufschob, barfuß neben seinem Bett stehen blieb. Anton lag auf dem Bauch, den Kopf auf dem Kissen zur Seite gelegt. Er konnte, ohne sich zu bewegen, ihre nackten Füße sehen, wagte nicht den Blick nach oben zu richten.

›Schläfst du?‹ fragte sie, als sie neben ihm lag. An seinem Arm, den er nicht mehr nach oben ziehen konnte, spürte er ganz dicht ihren Körper.

›Schläfst du?‹ Obwohl ihre Stimme ganz nah war, konnte er ihr Gesicht nicht sehen. Vorsichtig begann er tiefer zu atmen, den Geruch ihrer Haut zu suchen. Mehr wagte er nicht. Minutenlang lagen sie so.

›Ich habe dich nicht verraten‹, flüsterte Judith, als dürfe es niemand hören. Anton wusste nicht, ob er antworten sollte. Er wagte es nicht, sie zu berühren.

Sie wird es Johanna erzählen, dachte er und merkte, dass er sich nach Johanna sehnte wie schon lange nicht mehr. Sich nicht nach Johanna zu sehnen erschien ihm auf einmal undenkbar, immer würde er, gleich wo er sich befand, an Johanna denken.«

Jede Hauptfigur hat mehrere Charaktereigenschaften, welche im Laufe der Handlung enthüllt werden. Deswegen sollten auch den ganzen Text über Nebenfiguren präsent sein. Sie werden wichtig, wenn eine Charaktereigenschaft der Hauptfigur offengelegt werden soll. Dann lässt man eine Nebenfigur so handeln, dass die Hauptfigur »gezwungen« wird zu reagieren und somit etwas über sich preiszugeben.

Ein interessanter Charakter weist meistens ambivalente, sich widersprechende Eigenschaften auf. Ein Charakter, der nur positive oder negative Züge hat, wird trivial. Man sieht es an den großen Figuren der Weltliteratur, die widersprüchliche Charaktermerkmale aufweisen.

Die Enthüllung der Charaktermerkmale sollte auf verschiedene Figuren verteilt werden. Jeder Charakterzug wird am besten einer Nebenfigur zugeordnet, die für diesen zuständig ist. Schwieriger ist es, mehrere Charakterzüge durch eine Nebenfigur zu enthüllen. Es ist möglich, erfordert aber klar abgegrenzte Handlungssituationen. Verhält sich nämlich eine Hauptfigur gegenüber einer einzelnen Nebenfigur widersprüchlich, so kann das dazu führen, dass der Leser die Hauptfigur als unglaubwürdig empfindet und als unsympathisch ablehnt. Wenn ein Ehemann seiner Frau an einem Tag Rosen bringt, sie am nächsten Tag aber schlecht behandelt, so fällt dieses Verhalten auf den Ehemann zurück. Entweder sagt der Leser, die Figur sei in ihrem Verhalten nicht glaubwürdig, oder er lehnt sie ab, weil er sie durch solch unbegründetes Verhalten nicht einschätzen kann, was unangenehm empfunden wird. Zudem lässt sich mit einer Figur, die sich unkalkulierbar verhält, kaum Spannung aufbauen, da der Leser ihre Handlungen nicht vorausdeuten kann. Hofiert ein Ehemann seine Geliebte, während er gleichzeitig seine Ehefrau schlecht behandelt, können wir sein Verhalten nachvollziehen. Das gilt auch für den umgekehrten Fall. Wichtig ist nur, dass sich Figuren ihren Nebenfiguren gegenüber gleich bleibend und stabil verhalten, es sei denn, es treten Umstände ein, die das Verhalten der Hauptfigur in nachvollziehbarer Weise ändern.

Schnell merkt man auch beim Schreiben, wenn eine Nebenfigur mit der Aufgabe überfordert wird, zwei Charakterzüge darzustellen. Man hat dann Schwierigkeiten, die Handlung zu motivieren, fühlt sich beim Schreiben selbst gestresst.

Für eine bessere Übersicht empfiehlt es sich, eine Liste mit den Charakterzügen der Hauptfiguren und enthüllenden Nebenfiguren anzulegen.

Ein einfaches Beispiel, wie eine solche Liste aussehen könnte: Einem Manager werden eine Reihe typischer Charaktereigenschaften zugeordnet, die ein Leser von ihm erwartet: Ehrgeiz, Skrupellosigkeit und Geiz – drei negative Eigenschaften. Hinzu kommen als positive Eigenschaften Treue, Hilfsbereitschaft, Lebensfreude. Welche Nebenfiguren könnten diese Eigenschaften enthüllen?

Ehrgeiz – Mitarbeiter
Skrupellosigkeit – Betriebsrat
Geiz – Sekretärin
Treue – Ehefrau
Hilfsbereitschaft – Nachbarn
Lebensfreude – Hund

Das könnte durchaus so funktionieren. Aber es wäre keine sehr interessante Persönlichkeit, die durch diese Konstellation enthüllt wird, sondern die übliche stereotype Vorstellung von einem Manager. Mit leichten Änderungen lässt sich dieses Stereotyp durchbrechen und individualisieren. Die Charaktereigenschaften bleiben gleich, sie werden aber durch Nebenfiguren enthüllt, mit denen der Leser nicht rechnet. Das Enthüllungsprofil des Managers könnte dann so aussehen:

Ehrgeiz – Hund
Skrupellosigkeit – Nachbarn
Geiz – Mitarbeiter
Treue – Sekretärin
Hilfsbereitschaft – Betriebsrat
Lebensfreude – Ehefrau

Nun sehen wir immer noch typisierende Momente: Geiz gegenüber Mitarbeitern ist nichts Ungewöhnliches und der Ehrgeiz, den er beim Dressieren seines Hundes zeigt, mag auch in der Realität bei solchen Menschen häufiger vorkommen. Aber einige Positionen sind neu, ungewohnt und überraschend: Hilfsbereitschaft gegenüber dem Betriebsrat mag es geben, ist aber in unseren Vorstellungen nicht als gängig bekannt. Dass jemand mit seiner Ehefrau Lebensfreude erlebt, ist sicherlich interessanter, als wenn er ihr nur treu ist. Natürlich ließen sich für einzelne Positionen auch neue Enthüllungsfiguren finden, wenn man beispielsweise die Mitarbeiter mit seiner Mutter austauscht oder den Hund mit seinem Dressurpferd.

Allein durch dieses Spiel lässt sich eine Figur humorvoller oder tragischer, typischer oder individueller gestalten. Es ist ein Spiel, das übersichtlich und klar zeigt, wo unsere gedanklichen Klischees liegen und wo schon originelle Ideen gefunden worden sind. Dabei sollte man darauf achten, nicht nur verrückte, ungewöhnliche Positionen zu finden, sondern eine Mischung zwischen dem bekannten Bild, das dem Leser vertraut ist, und neuen Variationen zu entwickeln.

Vier Charakterdimensionen

Damit sind wir bei den Überlegungen zu unseren Charakteren angelangt. Ob man seine Figuren bis in alle Einzelheiten vor dem Schreiben planerisch gestalten muss, darüber gehen die Meinungen – wie schon beschrieben – auseinander. Was aber sollte man auf jeden Fall vorher wissen?

Sie sollten das aktive Bedürfnis jeder Ihrer Figuren kennen: Was will sie in dem Text erreichen, was ist ihr Ziel? Das aktive Bedürfnis ist das Rückgrat der Geschichte und in der Regel sind sich die Figuren dessen bewusst. Wir haben es bereits im achten Kapitel angedeutet. Alles Handeln der Figur ist auf dieses aktive Bedürfnis ausgelegt. Wir müssen es auch deshalb kennen, damit wir Hindernisse einbauen können, die einen Konflikt garantieren und die Figur nicht zu schnell ihr Ziel erreichen lassen.

Neben dem aktiven Bedürfnis hat die Figur natürlich auch Charakterzüge, nach denen sie handelt. Nur im Entwicklungsroman, in großen Entwürfen, in denen ein ganzes Leben gezeigt wird, finden stärkere Charakterentwicklungen statt. Bei den meisten Romanen sind die Charakterzüge einer Hauptfigur von Anfang an potenziell vorhanden und werden dem Leser im Laufe des Textes gezeigt.

Ein Charakter entwickelt sich in verschiedenen Dimensionen, über die wir vor dem Schreiben nachdenken können, um grobe Umrisse der Persönlichkeitseigenschaften zu erhalten. Ganz gleich, ob im Text noch eine Entwicklung stattfindet, muss ich den Charakter meiner Figur ungefähr beschreiben können. Nach meiner Auffassung ist es nicht nötig, dabei zu sehr ins Detail zu gehen, diese ergeben sich später oft wie von selbst.

1. Die psychisch-emotionale Dimension: Hiermit ist die psychische Entwicklung gemeint. Über folgende Fragen können Sie nachdenken:
   Wie ist die Figur aufgewachsen und was hat ihre Kindheit für Auswirkungen auf die charakterliche Entwicklung? (Judith zum Beispiel war nicht das Lieblingskind ihres Vaters und sucht daher immer nach äußerem Halt durch einen Mann.)
   Hat es irgendwann einschneidende Erlebnisse gegeben? Welche Kränkungen musste die Figur erfahren?
   Hat sie Lebensziele und wie moralisch denkt sie? Begründet sich die Moral aus einem weltanschaulichen Prinzip? Wendet sie diese Prinzipien an?

Schon diese Fragen müssen gar nicht alle für Ihre Hauptfigur von Bedeutung sein. Aber andere vielleicht, auf die ich gar nicht komme. Es geht beim Erstellen eines Charakterbildes nicht darum, alles über die Figur zu wissen, sondern zu erfahren, was für sie wichtig ist und was man über sie wissen muss, weil es für die Handlung bedeutend ist.

2. Die soziale Dimension: Sie ist eng verknüpft mit der psychischen Dimension und beschreibt die sozialen Beziehungen unserer Figur.
Wie war die Beziehung zu ihren Eltern? Hat sie Geschwister? Was bedeutet ihr Familie? Ist sie gern allein, auf sich gestellt, oder sind ihr Menschen um sie herum wichtig? Ist sie von der Meinung anderer abhängig?
Diese Dimension gibt auch Auskunft über die gesellschaftliche Schicht und die Auswirkung auf die Charakterentwicklung. Ist sie arrogant oder neidisch aufgrund dessen, was sie hatte oder nie haben durfte? Verhält sie sich anderen Menschen gegenüber solidarisch, kann sie altruistisch handeln oder versucht sie aus sozialen Beziehungen lediglich Vorteile zu gewinnen? (Anton ist Kind der bürgerlichen Mittelschicht und will sich deswegen unbedingt individuell auszeichnen.)

Auch diese Fragen sind vielfältig und man muss sie differenziert beantworten, um nicht einförmige, flache Charaktere zu erhalten. So kann es sein, dass eine Figur sich gegenüber weiblichen Personen ausbeuterisch und arrogant verhält, den männlichen Freunden gegenüber aber aufopferungsvoll und solidarisch handelt.

3. Aus diesen beiden Dimensionen ergibt sich die physiognomische Dimension. In ihr beschreiben wir, wie die Figur aussieht, welche Mimik und Gestik sie hat, wie sich ihr Charakter durch Kleidung und persönliche Gegenstände ausdrückt. Sie unterscheidet sich von den anderen Dimensionen dadurch, dass sie die ersten beiden zum Ausdruck bringt und von ihnen abhängig ist.

In manchen Büchern stehen diese drei Dimensionen gleichberechtigt nebeneinander. Das würde bedeuten, dass wir aus dem Aussehen einer Figur auf den Charakter schließen. Prinzipiell ginge das natürlich auch, vielleicht ist Victor Hugos Glöckner von Notre-Dame so ein Beispiel. Das übliche Verfahren sollte meiner Ansicht nach aber sein, dass wir mit der dritten Dimension einen Charakter zeigen und nicht umgekehrt.

Den drei bekannten Dimensionen möchte ich eine vierte Dimension hinzufügen. Sie kann dabei helfen, unsere Charaktere auf eine neue Weise verstehen zu lernen und ihnen eine tiefere Struktur zu verleihen. Ich bezeichne sie als »mythische Dimension«.

In mythischen Texten wie den griechischen Epen oder dem Alten Testament werden Grundprobleme des Menschen diskutiert. Ödipus, Sisyphus, Orpheus oder Odysseus sind solche Figuren, oder auch Hiob, David und Goliath. In den vergangenen Jahrhunderten entwickelten sich weitere mythische Figuren wie Faust und Don Quijote. Sie alle haben mit uns zu tun. Denn auch uns kommt das Leben gelegentlich wie eine Irrfahrt vor, vergebliche Mühen quälen uns in Arbeit und Haushalt. Es sind Geschichten, die wir aus unserer Lebenspraxis kennen.

Wenn wir eine literarische Hauptfigur entwickeln, kann es nützlich sein darüber nachzudenken, ob ihr Verhalten mit einer der mythischen Figuren Ähnlichkeiten aufweist oder ob sie mit vergleichbaren Schwierigkeiten zu kämpfen hat. Wenn man hier eine Analogie findet, kann man sicher sein, dass die Hauptfigur ein Problem hat, das über Zeiten hinweg andere Menschen interessiert, das von übergeordneter Bedeutung ist. Wenn man erkannt hat, welche mythischen Momente in der Hauptfigur angelegt sind, kann man sie ausformen oder variieren oder, wenn sie einen stören, herausnehmen.

Das mythische Vorbild steht im Hintergrund, der Leser spürt den mythischen Reflex, das gibt der Hauptfigur mehr Tiefe und fügt dem Text eine neue Lesart hinzu. Das werden nicht alle Leser bewusst erkennen. Aber sie spüren es, denn in der Tiefe des Denkens eines jeden Menschen leben diese Geschichten und jeder spürt das Existenzielle solcher Probleme. Dabei muss die Figur nicht dem mythischen Vorbild entsprechen, aber sie kann Züge von ihm annehmen. In »Die Haut der Steine« tragen Judith und Johanna ihre Namen nicht umsonst. Judith erinnert an die biblische Judith, was auch im Text thematisiert wird. Johanna, das ist allerdings viel weniger stark ausgeprägt, erinnert an Johanna von Orleans, die mutig ihren Weg geht und am Ende scheitert.

Bei all den Dingen, die man über seine Hauptfigur in Erfahrung bringen soll und kann, wird eine grundlegende Frage viel zu selten gestellt. Sie ist aber für die europäische Literatur von zentraler Bedeutung. Eigentlich ist sie in der ersten Dimension unseres Charakters inbegriffen, da sie aber so wichtig ist, weise ich gesondert darauf hin. Es ist die Frage, welchen Zugang die Hauptfigur zu ihren Gefühlen hat, wie emotional sie reagiert, wie sie ihre Emotionalität erlebt und damit umgeht.

Was diese Fragen für die deutsche Literatur bedeuten, sieht man daran, dass ganze Epochen versucht haben eine Antwort auf sie zu finden und danach benannt worden sind. Nehmen Sie ein Drama von Schiller oder Lessing, so werden Sie ganz unterschiedliche Antworten finden. Aufklärung, Empfindsamkeit, Klassik – in jeder dieser Epochen wurden andere Antworten darauf gegeben. Goethe stellte mit seinem Werther eine radikale Auffassung der Bedeutung des Gefühls gegen die Klarheit der Aufklärung. Im 19. Jahrhundert, im Zeitalter der großen realistischen Romane, werden die Leidenschaften und Gefühle von Frauen beschrieben und aufgezeigt, dass sie ihre Gefühle nicht öffentlich machen und vor allem nicht öffentlich leben dürfen. Effi Briest, die sich mit ihrer Emotionalität nicht gegen die abschließende Fürsorge und gesellschaftlich geforderte Emotionslosigkeit ihres Mannes durchsetzen kann, ist eine der bekanntesten unter ihnen. Auch heute sehen wir in den meisten zeitgenössischen Romanen der letzten zwanzig Jahre eine Wiederaufnahme dieser Frage. Überall sind sie zu finden, die männlichen Helden – bei Christoph Peters, Peter Stamm und anderen. Männliche Figuren, die wie Anton zwar Emotionen haben, aber selbst keinen Zugang zu ihnen finden und nicht wissen, wie sie mit ihnen umgehen sollen.

Jede Zeit, jede Epoche schafft hier eigene Antworten auf eine der wichtigsten Fragen des Menschseins. Auf die Frage, wer in welcher Weise fühlt, kann es immer neue Antworten geben, gerade in unserer Zeit. Deswegen entstehen immer neue Texte und deswegen lohnt es sich, weiterzuschreiben.

Kapitel 11:

Dramaturgische Überlegungen: Wie man aus einem roten Faden spannende Sequenzen webt

Sehr eng verknüpft mit der Entwicklung der Figuren sind Handlung und Aufbau des Romans. Wie bei den meisten literarischen Formen sind der individuellen Ausgestaltung durch den Künstler kaum Grenzen gesetzt. Dies gilt insbesondere für den Roman, der sich als unabhängiges, alleinstehendes Werk in einer ganz eigenen Gestaltung zeigen darf. Er muss sich so entwickeln, wie es das Thema und die Persönlichkeit des Autors erfordern. Dennoch gibt es einige Modelle, die dabei helfen, den Aufbau des Werkes zu gestalten und die man später nutzen kann, um Fehler zu finden oder bei der Überarbeitung die gewünschte Aussage noch deutlicher herauszuarbeiten.

Das aktive Bedürfnis als Voraussetzung für Konflikte

Wir sprechen von dramaturgischen Gesetzmäßigkeiten, die sich in den meisten literarischen Erzähltexten und dramatischen Formen finden. Sie können sie jederzeit entdecken, wenn Sie ein Buch aufschlagen oder den Fernseher anschalten. Sie sind universell und deswegen sollte man sie kennen.

Handlung besteht aus Konflikt. Das hat Aristoteles schon deutlich gemacht, indem er sagte, dass die Grundlage der Literatur das Verbrechen sei. Damit sind natürlich nicht nur Straftatbestände gemeint, sondern alle menschlichen Verbrechen wie Verrat, Täuschung, Lüge, Missgunst, Standesdünkel und sonstige menschliche und kulturelle Fehlleistungen. Damit so ein Verbrechen in einem Text wirken kann, muss es entdeckt werden, denn ein von niemandem wahrgenommenes Verbrechen ist für einen literarischen Text kaum zu gebrauchen. So entstehen zwei gegensätzliche Positionen, die sich gegeneinander durchsetzen wollen. Dadurch entsteht ein Konflikt. Es muss kein großer Anlass sein, der die Geschichte in einem Roman auslöst. Ein Denkfehler, ein kleines Versagen, eine Peinlichkeit kann schon ausreichen, wenn der Konflikt nur gut durchgesteigert wird.

Damit es gelingt, einen Text dramaturgisch zu steigern, müssen die Figuren ein aktives Bedürfnis aufweisen. Sie brauchen es immer, ganz gleich um welches Thema es sich handelt und in welchem Genre sich der Text bewegt. Figuren brauchen ein aktives Bedürfnis, das durch ein auslösendes Ereignis am Anfang der Handlung oder kurz zuvor hervorgerufen wird. Seltener ist es schon immer in ihnen vorhanden, manchmal gehört es zu den Grundbedürfnissen des Menschen, wird im Roman aber genauer gefasst.

Das aktive Bedürfnis lässt sich beschreiben mit den Worten »Suche nach ...«. Suche nach Rache, Suche nach Macht, Suche nach Liebe sind aktive Bedürfnisse von Figuren, welche die Weltliteratur geprägt haben. Suche nach Reichtum, nach Sex, nach dem Schatz, nach dem Mörder gehören in vielen Unterhaltungsromanen – wenn auch nicht nur dort – genauso dazu wie die Suche nach Spiritualität, Erkenntnis oder Weisheit in weltanschaulich fokussierten Romanen. Suche nach den Eltern, Suche nach dem verlorenen Kind, die Suche nach Freunden gehören zum literarischen Kanon, weil es alles Bedürfnisse sind, die für den Menschen und die Gesellschaft bedeutsam sind. Die Suche nach dem sonnigsten Badestrand, der schönsten Frau, dem schönsten Mann, der saubersten Wohnung eignen sich nur für triviale Texte. Ein aktives Bedürfnis, das die Tiefe menschlichen Daseins berührt, wird Menschen immer wieder interessieren. Bedürfnisse, die nur in einer bestimmte Epoche vorkommen, bleiben auch auf ihre Zeit beschränkt, werden später wahrscheinlich nicht mehr verstanden.

Aktives Bedürfnis ist ein Begriff, der zeigt, dass dieses Bedürfnis die Handlung aktiviert. Aber auch die Suche nach Ruhe, nach Einsamkeit und Isolation sind aktive Bedürfnisse, wenn sie von der Hauptfigur zu erreichen versucht werden.

Gontscharows Oblomow oder Helmut Halm aus Martin Walsers »Ein fliehendes Pferd« gehören zu den Figuren, die sehr aktiv ihre

Inaktivität gegen ihre Umwelt durchzusetzen versuchen. Johanna in »Die Haut der Steine« äußert einmal, dass sie alles erleben will. Judith hingegen will Johanna nach ihrem Unfall nahe sein und stellt ihr ganzes Leben darauf ein. Da sich das allein als zu abstrakt erwies, habe ich sie etwas erleben lassen, durch das sie sich Johanna gegenüber schuldig macht. Ihr aktives Bedürfnis besteht nun konkret darin, der Schwester zu erzählen, was sie getan hat und dass diese ihr verzeiht.

Aktive Bedürfnisse sollten deswegen konkret für den Leser fassbar sein, auch wenn ein sehr elementares existenzielles Wollen dahinter steht. In vielen Liebesromanen geht es um genau einen Menschen, um dessen Liebe man kämpft – nicht darum, allgemein Liebe zu erlangen. Sonst hätte Romeo sich ja auch eine andere suchen können.

Die Handlung entsteht dadurch, dass dem aktiven Bedürfnis in der Form von äußeren Ereignissen Hindernisse in den Weg gestellt werden. Dabei darf die Figur ihr aktives Bedürfnis nicht aufgeben, sondern muss versuchen, die Hindernisse zu überwinden. Diese Hindernisse werden schwieriger zu überwinden, die Hauptfigur muss mehr investieren, am Ende weiß sie oft gar nicht mehr, was sie am Anfang wollte, weil sie sich durch ihr unbedingtes Wollen in eine ganz andere Situation gebracht hat, wie beispielsweise Michael Kohlhaas von Heinrich von Kleist.

Das aktive Bedürfnis darf nicht aufgegeben werden, weil die Spannung der Geschichte ansonsten zusammenbräche. Eine Geschichte endet erst dann, wenn es der Figur gelingt, ihr aktives Bedürfnis zu erfüllen oder wenn klar wird, dass es sich nicht erfüllen lässt. Geschichten sind nicht zu Ende erzählt, wenn die Hauptfigur plötzlich etwas anderes will oder aus freien Stücken aufgibt. Wenn Kohlhaas aufgeben würde, weil er sich in die Hoffnungslosigkeit, Gerechtigkeit zu erlangen, dareinfindet, wäre es keine gute Novelle geworden. Auch Kriminalfälle werden in Krimis nicht zu den Akten gelegt. Ein Schatzsucher gibt nicht auf, riskiert im Höhepunkt mindestens sein Leben. Die Liebe endet nicht, weil das Schiff zu sinken beginnt und die Hauptfigur nun andere Bedürfnisse hat. Die Geschichte endet erst in der Realität des kalten Ozeans, wenn es nicht genug Rettungsboote gibt, die Geschichte endet vor dem letzten Flugzeug, das die belagerte Stadt verlässt und in dem kein Platz mehr für zwei Personen ist. Die Liebe, das aktive Bedürfnis, endet nicht, sie kann nur keine Erfüllung finden.

Weil der Leser die Geschichte durch das aktive Bedürfnis erlebt, darf es sich nicht ändern. Einen Robin Hood, dem der Kampf mit dem Sheriff zu lang dauert und der sich eine Auszeit nimmt, um in einem englischen Seebad ein Mädchen zu finden, das er heiraten will, könnten wir genauso wenig nachvollziehen wie einen Politiker, der an die Macht will, sich auf einmal aber in die Bundeskanzlerin verliebt und seine Kräfte plötzlich auf Hochzeitspläne neukonzentriert. Im Leben werden oft Pläne aufgegeben oder Ziele geändert. Aber nicht in der Literatur.

Wenn ein Roman so breit angelegt ist, dass er das ganze Leben einer Figur umfasst, dann hat diese Figur in verschiedenen Lebensabschnitten auch unterschiedliche Bedürfnisse. Dann setzt man deutliche Zäsuren. Wenn ein Roman mehrere Teile hat, die wiederum jeweils in Kapitel gegliedert sein können, dann ist zu erwarten, dass in jedem Teil des Romans die Figur ein eigenständiges aktives Bedürfnis hat und man einen Spannungsbogen erlebt, der bis zum Ende geführt und abgeschlossen wird. Manchmal entstehen aus diesem Grund Fortsetzungsromane, die hintereinander gelesen das ganze Bild eines Lebens zeigen.

Eine Figur kann auch mehrere aktive Bedürfnisse haben. Dann sollten sie aber hierarchisiert werden. Man muss sich entscheiden, was der Figur am wichtigsten ist, welcher Konflikt den Leser durch die Handlung leitet. Diese Entscheidung bestimmt auch das Genre des Textes. Denn ein Detektiv, dem seine Beziehungsprobleme wichtiger sind als die Lösung des Falles, ergibt keinen Krimi, sondern eine Liebesgeschichte.

Ob wir diese oder jene Geschichte erzählen, dem aktiven Bedürfnis stellen sich Hindernisse in den Weg. Würde das aktive Bedürfnis der Figur gleich erfüllt werden, so könnte keine Spannung entstehen. Diese Hindernisse kann man auch als äußere Ereignisse bezeichnen. Die Anordnung dieser dramaturgisch relevanten Ereignisse steigert den Konflikt der Geschichte zu einem Höhepunkt.

Dramaturgische Arbeitsschritte:

1. die aktiven Bedürfnisse der Figuren bestimmen
2. eine Liste mit Hindernissen anlegen, welche die Hauptfigur von ihrem Ziel abhalten können
3. Hindernisse nach ihrem dramatischen Gehalt anordnen
4. prüfen, ob die Hindernisse von verschiedenen Ereignisarten stammen
5. gegebenenfalls Hindernisse anderer Ereignisarten hinzufügen
6. planen, welche Charakterzüge der Hauptfigur durch die Hindernisse zu welchem Zeitpunkt enthüllt werden

So lassen sich Geschichten leicht konstruieren, indem das aktive Bedürfnis festgelegt und es durch einen kleinen Vorfall ausgelöst wird, während im weiteren Verlauf Ereignisse gesucht werden, die unsere Figur daran hindern, dass es erfüllt wird. Die schwächeren oder kleineren Ereignisse werden an den Anfang gesetzt, die dramatischeren, schwierigeren Vorfälle nach hinten. Dabei sollten sie langsam gesteigert werden. Jede literarische Figur – so wie es auch der Mensch in der Realität tut – wendet am Anfang normalerweise die geringstmögliche Energie auf, um ihr Ziel zu erreichen. Wenn jemand Geld braucht, kommt er ja schließlich auch nicht auf die Idee, es gleich mit einem Banküberfall zu versuchen. Sind aber alle anderen Versuche, an Geld zu kommen, gescheitert, so wird die Figur schließlich, wenn sie das Geld wirklich braucht, auch entsprechende kriminelle Energie anwenden. Wenn sich in einer Geschichte die Hauptfigur aus einem brennenden Haus befreien will, so wird man am Anfang nicht den Hubschrauber der Feuerwehr abstürzen (äußeres Ereignis) und anschließend erst die Hauptfigur auf die Idee kommen lassen, dass sie auch die Feuertreppe nehmen könnte, die dann aber verschlossen ist (äußeres Ereignis).

Äußere Ereignisse mit Konfliktpotenzial

Es lassen sich drei Arten von äußeren Ereignissen beschreiben, auf denen die Handlung eines Drehbuchs beruht. Diese kann man zum Teil auf die erzählende Prosa anwenden. Die erste Gruppe fasst außenweltliche Ereignisse zusammen. Gemeint sind damit alle Ereignisse, die nicht von unserer Figur oder anderen Figuren der Geschichte ausgelöst werden, sondern eben von der Außenwelt. Dazu zählen beispielsweise Wettererscheinungen, Krankheiten, das Auftreten wilder Tiere, Unfälle, Verbrechen, anonyme Briefe, unvorhergesehene Begegnungen und Verwandlungen. Sie stehen meist am Anfang der Geschichte, da sie in der Regel zufällig geschehen. Außerdem kann die Hauptfigur auf diese Weise gezwungen werden zu reagieren bzw. einen Charakterzug von sich preiszugeben, ohne dass der Leser andere Figuren oder die Hauptfigur selbst bereits kennen muss.

Die zweite Gruppe der äußeren Ereignisse sind die zwischenmenschlichen Ereignisse. Bei ihnen sagt, tut oder verlangt eine Figur der Figurenkonstellation etwas, was für unsere Hauptfigur ein Hindernis auf dem Weg zur Erfüllung ihres aktiven Bedürfnisses darstellt. Meistens geschieht dies durch die Nebenfiguren, welche der Hauptfigur zugeordnet sind. Diese zwischenmenschlichen Ereignisse folgen tendenziell später als die außenweltlichen. Wir lernen durch sie nicht nur die Nebenfiguren kennen, sondern auch das soziale Verhalten der Hauptfigur und damit verbundene Charakterzüge. Wie reagiert ein Detektiv auf seinen Gehilfen, der wieder einmal die Lupe vergessen hat? Was sagt eine Frau zu ihrem Mann, der mit verschlammten Schuhen durch das Haus läuft?

Haustiere gehören dann zu den zwischenmenschlichen Ereignissen, wenn sie als Nebenfigur eine Rolle in der Konstellation spielen. Der Hund in Martin Walsers »Ein fliehendes Pferd« gehört dazu, das Pferd dagegen ist eher ein außenweltliches Ereignis, da es nicht mit den Figuren in einer engeren Beziehung steht.

Die dritte Gruppe sind die innermenschlichen Ereignisse. Es sind Dinge, die im Denken oder im Körper der Hauptfigur passieren. Dazu gehören plötzliche Erinnerungen, Ahnungen, Visionen, Unlust- oder Lustgefühle, Ängste, Skrupel – all das, was die Hauptfigur im emotionalen Bereich von der Erfüllung ihres aktiven Bedürfnisses abhalten kann. Diese innermenschlichen Ereignisse sind die wichtigsten, stärksten Momente des Textes, weil sich hier der Charakter am deutlichsten zeigt und die Figur allein mit sich nach ihren Vorstellungen und Werten handeln muss. Weil der Leser die Figur erst kennenlernen muss, um solche Regungen zu verstehen und der Text nach hinten gesteigert wird, findet sich diese Art von Ereignissen eher im zweiten Drittel von Texten, häufig als Höhepunkt. Tiefe erlangt ein Text oder Film nur dann, wenn am Ende innermenschliche Ereignisse das Leben der Hauptfigur bestimmen.

Lebendig wird ein Text dann, wenn sich die drei Arten von Ereignissen vermischen. Betont man eine Ereignisart, so verschiebt sich die Wirkung des Textes in diese Richtung. Steigt beispielsweise die Zahl außenweltlicher Ereignisse an, so wird der Leser ihn als handlungsbezogen wahrnehmen, bei steigender Anzahl zwischenmenschlicher Ereignisse wird der Text soziale Beziehungen hervorheben und bei innermenschlichen Ereignissen ergibt sich eine stärkere Innenschau, stärkere Auseinandersetzung mit dem Gefühlsleben und den Bewusstseinsvorgängen der Figur.

Als ich die letzte Fassung von »Die Haut der Steine« geschrieben habe, hatte ich diese Gedanken bereits entwickelt und konnte sie anwenden. Meine Überlegungen waren folgende: Vleutz will Anton loswerden. Was konnte ihn daran hindern? Außenweltliche Ereignisse wie die Polizei, die gegen ihn ermittelt, ein Gerüst, das vor dem Haus zusammenbricht. Zwischenmenschliche Ereignisse wie Judith, die ihn auffordert, anders zu handeln, als er vorhat. Die ihn von bestimmten Dingen abhält, weil er auf ihren guten Willen angewiesen ist. Judith versucht Vleutz zu lieben. Was konnte sie daran hindern? Sein Umgang mit Menschen, sein Jähzorn, seine Skrupellosigkeit?

Dann folgte die Überlegung: Aus welchen Bereichen stammten die äußeren Ereignisse? Hatte ich sie angemessen verteilt oder überwog ein Bereich ungewollt?

Als ich das vierte Kapitel von »Die Haut der Steine« konzipierte, stellte ich fest, dass fast ausschließlich zwischenmenschliche Ereignisse in meinen Notizen zu finden waren. Daraus wäre eine Kette von Dialogen entstanden, die über die lange Strecke hinweg nicht sehr abwechslungsreich gewirkt hätten. Also suchte ich nach weiteren äußeren Ereignissen außenweltlicher und innermenschlicher Art. So entstand der Gewittersturm, der Judith und Vleutz dazu zwingt, eine erste gemeinsame Nacht zu verbringen, so fand ich die Vision von Judith, dass Haut außerhalb des Körpers gezüchtet wird, um sie dann zu transplantieren.

Dieses Modell lässt sich nicht nur als Planungshilfe, sondern auch zur Beobachtung des eigenen Textes nutzen. Wenn sich das Gefühl von Langeweile beim Schreiben einstellt – ein deutliches Warnzeichen –, dann kann man überlegen, ob es an einer zu monotonen Gestaltung der äußeren Ereignisse liegt und einer der drei Bereiche zu wenig berücksichtigt wurde.

Das RDBD-Schema

Aktives Bedürfnis und Ereignisse bilden das Rückgrat und den Knochenbau der Dramaturgie. Wenn dieses Gerüst geschaffen ist, muss man dem Text Sehnen und Muskeln geben, um die Lücken zwischen den Ereignissen zu schließen. Zu diesem Zweck habe ich das RDBD-Schema entwickelt, das ein Grundmodell des dramaturgischen Denkens darstellt. Es ist die zentrale Einheit, auf der die gesamte Spannungsentwicklung aufbaut. Eine RDBD-Einheit wiederholt sich im Laufe eines Romans mehrere hundert Mal. Man kann sie in fast allen Prosastücken, aber auch in Filmen und Theaterstücken finden. Kennt der Autor das Modell nicht, so wird er es trotzdem unbewusst anwenden, denn auch im realen Leben finden sich solche Abläufe, jeder kennt sie. Von einem literarischen Text unterscheiden sie sich nur dadurch, dass sie auf keinen Höhepunkt zusteuern, ungeordnet sind und meistens glücklicherweise kein tragisches Ende finden.

Das RDBD-Schema besteht aus fünf Schritten, auch wenn es nur vier Buchstaben hat. Das äußere Ereignis ist der erste Schritt, auf den eine RDBD-Einheit folgt.

Der erste Buchstabe, das R, steht für Reaktion.

Die Reaktion

Wenn einem etwas passiert, ganz gleich, ob etwas gestohlen wird, ob eine unerwartete Begegnung stattfindet oder eine wichtige Erinnerung auftaucht – auf jedes äußere Ereignis reagiert man mit einem Gefühl, wenn man nicht gerade bewusst gefühllos ein Ereignis hinnimmt. Man erschrickt, ärgert sich, ängstigt oder freut sich. Diese Reaktionen sind oft nicht in Worten zu fassen, drücken sich nur körpersprachlich oder durch innere Vorgänge aus. Es wird einem heiß, man erstarrt, es verschlägt einem die Sprache.

In diesen Augenblicken besteht die Möglichkeit, die literarische

Figur in ihrem tatsächlichen Denken und Fühlen darzustellen. Deswegen muss diese Reaktion gut geschildert werden und kann keineswegs übergangen werden, wie es leider bei unerfahrenen Autoren oft vorkommt – aus Nachlässigkeit oder weil sie schwierig zu beschreiben scheint. Dabei gibt es so einige Möglichkeiten, Gefühle und Bewusstseinsvorgänge in allen Erzählsituationen direkt oder indirekt darzustellen. Mittels des Erzählerberichts in der auktorialen Erzählersituation oder intensiver durch Körpersprache, Gedanken der Figur, erlebte Rede, inneren Monolog und andere Bewusstseinsdarstellungen. Lässt man sich nicht darauf ein, kann der Leser kein Bild des Innenlebens der Figur entwickeln.

Nach der Reaktion auf ein Ereignis folgt nicht direkt, wie viele meinen, eine Handlung der Figur, sondern ein anderer wichtiger Schritt.

Die Diskussion

An die Reaktion schließt sich eine Diskussion an, in der das Erlebte und Gefühlte besprochen wird. Mit anderen Figuren, mit einem Haustier, sehr häufig führt die Figur die Diskussion mit sich selbst. Diese Diskussion gibt der literarischen Figur den Willen zur Bewältigung des Erlebten. Sie wird in Form von Monologen, meistens aber tatsächlich durch einen Dialog dargestellt. Sie führt die Figur aus dem Zustand der Reaktion in einen aktiven Zustand zurück, damit sie einen Beschluss fassen kann.

Der Beschluss

Am Ende der meisten Diskussionen steht ein Beschluss. Ein Beschluss kann auch darin bestehen, keinen Beschluss zu fassen, was aber auf eine schwache, zögernde Hauptfigur verweist. Oft besteht der Beschluss nur aus einem Satz. Manchmal aber, wenn die Sache komplizierter ist, schließt sich eine Begründung und Ausführung an, die jedoch dramaturgisch nicht wichtig ist.

Die Durchführung

Ist der Beschluss gefasst, folgt eine Handlungssequenz, in der die Figur versucht, diesen umzusetzen. Sie versucht das mit allen Kräften bzw. Mitteln, die ihr zu Verfügung stehen, bis es ihr gelingt oder sie scheitert. Die Sequenz findet dann ihr Ende, wenn die Figur ihre Möglichkeiten erschöpft hat. Die Geschichte gerät, unabhängig von dem Erfolg der Durchführung, in ein labiles Gleichgewicht. Die Geschichte könnte hier zu Ende sein, sie hat ihre dramaturgische Energie verbraucht. Deswegen muss hier ein neues äußeres Ereignis folgen, das zu einer stärkeren Reaktion und in der Folge zu einem oft dramatischeren Beschluss führt, zu dessen Umsetzung unsere Figur dann auch stärkere Mittel einsetzt.

Dieses Schema, das in Kurzgeschichten für gewöhnlich nur einmal durchgeführt wird, steigert die Handlung immer weiter, bis sie umkippt. Wie bei der Geschichte vom Fischer und seiner Frau: Deren Habsucht stellt eine Folge von Ereignissen dar, dramaturgisch von ihr aus gesehen innermenschliche Ereignisse, für den Fischer zwischenmenschliche Ereignisse. Die Frau verlangt immer mehr von ihm, bis die Grenze überschritten ist und alles zusammenbricht, weil sie etwas verlangt hat, was nicht verlangt werden kann.

So entstehen auf eine einfache Weise Geschichten. Wer das nicht glaubt, der soll einen Blick in ein beliebiges Buch werfen und er wird diese Struktur finden. Nicht immer ganz regelmäßig gebaut, zuweilen umgestellt, erweitert, verkürzt, je nach den Bedürfnissen der Geschichte und dem Stil des Autors. Als Beispiel sei hier aus »Die Haut der Steine« die Szene verkürzt analysiert, in der Anton versucht, in einer Metzgerei ein Beil zu kaufen. Sie gehört zu den grotesken Szenen des Romans und wird hier aus der Sicht der Verkäuferin erzählt.

Das aktive Bedürfnis der Verkäuferin ist es, in Ruhe Fleisch- und Wurstwaren zu verkaufen. Anton stellt mit seinem Wunsch nach einem Beil dabei ein Hindernis dar.

Szenische Eröffnung:

Als er sich nach vorne wendete, erblickte er im Glas der Theke zwischen Schweinsfüßen und Kalbsköpfen ein Gesicht, das er mit dem Blut, dem krustigen Dreck und schmierigen Staub nicht gleich als seines erkannte. Als er den Kopf hob, sah er in die entsetzten Gesichter der Verkäuferinnen.

129

Äußeres Ereignis:

»Ich hätte gerne ein Beil«, sagte Anton so leise, dass er es selber kaum hörte.

Reaktion:

»Ein Beil«, wiederholte die Verkäuferin vor ihm, ohne den Blick abzuwenden. Als sei etwas eingetroffen, von dem sie immer geahnt hatte, dass es käme.

Diskussion:

»Für was?«, fragte sie und sah flehend zu ihrer Kollegin, als wollte sie es gar nicht wissen.

»Für Knochen«, sagte Anton zögernd.

»Was für Knochen?«, fragte sie, während sie ihren Kopf schüttelte. Als Anton das sah, wollte er schon wieder gehen, es einfach woanders versuchen.

»Für dicke Knochen«, sagte er.

Beschluss:

Da der Gedankengang der Verkäuferin aus Antons Perspektive nicht erzählt werden kann, fällt er weg.

Durchführung:

Die Verkäuferin wich einige Schritte zurück und zog – ohne sich umzudrehen – eine Schublade hinter sich auf, ließ den Blick nicht von Anton, während sie ein Beil herausholte, dessen Schneide am Plastikgriff kleiner als ihre Hand war.

Neues äußeres Ereignis:

»Reicht das für große Knochen?«, fragte Anton.

Wenn Sie sich bemühen, langsam und sorgfältig die einzelnen Elemente zu beschreiben, können Sie nichts falsch machen. Es ist interessant, in welchem Maße Leser an dieses Schema gewöhnt sind, es erwarten und vermutlich deshalb dieses einfache Konstruktionsmuster nicht durchschauen. Autoren können mit dieser Methode ihren Text planen und prüfen, ob er funktioniert. Selbst wenn man nicht damit arbeiten will, hilft sie aber zu begreifen, wie sich rote Fäden in Texten zu einem Spannungsnetz verknüpfen, aus dem sich der Leser kaum noch befreien kann.

Kapitel 12:

Wie Literatur entsteht:
Die besondere Idee

E in Roman muss immer mit der Person des Autors verknüpft sein. Das hilft dem Autor nicht nur, Schwierigkeiten und Krisen beim Schreiben zu ertragen, sondern trägt auch zur Authentizität des Textes bei, die vom Leser positiv wahrgenommen wird. Wenn man über etwas schreibt, was einen selbst nicht betrifft, können Konstruktionen entstehen, die, handwerklich gut gefertigt, stimmig und spannend erscheinen, aber vom Leser hölzern und substanzlos erlebt werden.

Wenn man zu den autobiografischen Momenten wiederum zu wenig Distanz findet, wenn man keine Fiktionen aufbaut, das Selbsterlebte nicht durch inhaltliche und sprachliche Arbeit auf eine andere Ebene zu stellen vermag, bleibt die reine Beschreibung von Erlebnissen, die für andere Menschen selten interessant ist. Eine autobiografische Erfahrung allein erschafft noch kein literarisches Werk. Wenn jeder ausschließlich über seine Erlebnisse ein Buch schreiben würde, hätten wir eine Flut von Texten, die immer den gleichen Vorgang auf ähnliche Weise zeigten. Denn so tragisch die Erlebnisse auch sein mögen, die man im Laufe seines Lebens mitmachen muss, so bedeutend sie in das eigene Leben eingreifen, so wichtig sie erscheinen mögen – für den Leser sind sie nur ein unbedeutendes Einzelschicksal, das er bemitleiden kann, das aber wenig mit ihm selbst zu tun hat.

Ein Buch, das gelesen werden will, muss deswegen noch etwas anderes in sich tragen. Das gilt auch für die Themen in meinem Roman »Die Haut der Steine«. Jedes Jahr werden in Deutschland mehrere tausend Menschen bei Autounfällen schwer verletzt, Dutzende Mieter aus ihren Häusern vertrieben. Mein Erleben rechtfertigt nicht das Schreiben des Buchs.

Hunderttausende Menschen haben mit lebensbedrohlichen Krankheiten zu kämpfen, Tausende Menschen gewinnen den Kampf und beginnen ein neues Leben. Einige von ihnen – es sind aber auch wieder Hunderte – schreiben ein Buch darüber. Für den einzelnen mag es sehr wichtig sein, seine Leidenserfahrungen aufzuschreiben. Aber wer hat Interesse daran, über das Schicksal dieses einzelnen Menschen zu lesen, wenn er um sich herum Freunde und Verwandte hat, die das gleiche Schicksal teilen? Der Erste, der über eine neu entstandene Krankheit schreibt, weist auf dieses Problem hin, so wie es die Ersten getan haben, die mit dem Aids-Virus infiziert waren. Sie haben über ihre Erfahrungen geschrieben und helfen damit denjenigen, die das gleiche Schicksal teilen.

Aber muss jeder Kranke, Geschiedene, vom Schicksal Getroffene über sein Leiden berichten? Natürlich darf er darüber schreiben und den Text veröffentlichen. Aber es sollte ihm auch klar sein, dass außer den Menschen, die ihn kennen, er wahrscheinlich nicht sehr viele weitere Leser finden wird, wenn er sich darauf beschränkt, nur von seinem Schicksal zu berichten. Also muss es etwas anderes sein, was ein Buch interessant macht und dazu führt, dass Tausende von Menschen es lesen wollen, was es seine Zeit überleben und vielleicht Weltliteratur werden lässt.

Es ist gar nicht so schwierig, eine Antwort darauf zu geben. Neben all den handwerklichen Fähigkeiten, die ein Autor beherrschen muss, neben der autobiografischen Authentizität kommt es auf die Beschäftigung mit einem überzeitlichen Thema an, einem existenziellen Moment des Daseins. Der Autor zeigt zudem, wie Menschen in ihrer Zeit und Kultur mit diesem existenziellen Moment umgehen und es gelingt ihm, auf eine spezielle Weise das Neue an diesem Umgang mit dem Problem einzufangen.

Aber es gibt noch etwas anderes, was ich als »besondere Idee« bezeichnen möchte. Es ist etwas, von dem wir alle viel zu wenig haben, worum wir uns in unseren Gedanken bemühen müssen, was durchaus subversiv, gegen die Gesellschaft, den Staat, den guten Geschmack und all die Konventionen gerichtet ist, denen sich die bürgerliche Gesellschaft verschrieben hat: Es ist ein Stück Wahn-Sinn. Kultiviert könnte man von übersteigerter Fantasie, zurückhaltend vom Querdenken sprechen. Oder davon, dass wir bereit sind, einen Gedanken konsequent weiterzudenken, ihn durchzusteigern ohne Rücksicht auf Logik, Vernunft, politische Korrektheit.

Wir leben in einer Gesellschaft, in der wir gewohnt sind, keine Grenzen zu überschreiten. Wir vermeiden Konflikte, lernen, andere nicht zu verletzen und uns an die Spielregeln zu halten, die ein friedfertiges Zusammenleben ermöglichen. Wir sind erzogen, in allem die Vernunft, die Logik, die Ratio zu suchen. Imaginationen, freies, wildes Denken ist nicht erwünscht. Es wird heute nur benutzt, um ein lohnendes Ziel zu erreichen, steht aber nicht für sich und darf nicht grundlos betrieben werden. Beim Schreiben sollte man aber darüber, dass der Mensch ein vernunftbegabtes Wesen ist, nicht vergessen, dass er auch zur Unvernunft begabt ist. Wir dürfen es und müssen es auch sein, wenn wir einem Text eine besondere, unvergessliche Note geben wollen. Ich nenne es »besondere Idee« und meine damit, dass jedes Buch etwas haben sollte, was kein anderes hat.

Dabei sei gleich vorausgeschickt, dass eine besondere Idee sparsam eingesetzt werden sollte. Es bringt wenig, in allen Bereichen besondere Ideen auszuspinnen – der Leser wäre schnell überfordert. Es empfiehlt sich, entweder eine bereits bekannte Geschichte mit neuer, ungewohnter Sprache oder eine neue Geschichte in bekannter Sprache zu erzählen. Wenn man versucht, eine wahrhaft unerhörte Geschichte auf eine neue, d. h. experimentelle Weise zu erzählen, könnte es sein, dass der Leser überfordert wird. Erzählt man eine bekannte Geschichte auf eine Weise, die der Leser bereits häufig gelesen hat, wird man zwangsläufig Langeweile erzeugen. Daher nutzen wir etwas Bekanntes, um dem Leser etwas Neues, Ungewohntes erzählen zu können.

Und so ist es auch mit den besonderen Ideen. Bringt man zu viel, wird der Leser überwältigt. Liefert man zu wenig, so entsteht ein Text, den jeder, der die gleiche Erfahrung wie wir gemacht hat, theoretisch auch schreiben könnte.

Eine besondere Idee kann sich in drei verschiedenen Bereichen des Textes zeigen: bei den Figuren, bei der Handlung oder in der Sprache.

Besondere Figuren

Wie sieht eine besondere Idee im Bereich der Figuren aus? Für das Kinderbuch lassen sich ganz leicht Antworten finden. Wenn man nach der bekanntesten Kinderbuchfigur fragt, dann bekommt man meistens die Antwort: Pippi Langstrumpf. Sie ist die unangefochtene besondere Figur des Kinderbuchs. An sie erinnert man sich zuerst. Sie thront unbestritten auf dem Olymp der Kinderbuchfiguren, denn sie wurde von Astrid Lindgren konsequent konzipiert und durchgesteigert. Sie hat alles, was sich Kinder wünschen, in reichhaltigem Maße und verkörpert gleichzeitig all das, was bürgerlich geprägte Eltern ablehnen. Sie ist stark und unbekümmert. Sie hat nicht Meerschweinchen oder Hund als Haustier, sondern Affe und Pferd. Sie kann an der Decke laufen, fliegen (wenn auch nicht besonders gut), hat einen Heißluftballon zur Verfügung, wohnt allein in einer Villa, besitzt eine Kiste mit Goldstücken. Sie ist seltsam angezogen, kann nicht rechnen, muss auch nicht in die Schule gehen. Astrid Lindgren hat nicht gespart mit Ideen und eine Figur geschaffen, die man als poetischen Mythos bezeichnen kann, als Leitfigur für viele andere Figuren des Kinderbuchs. Diese Figur war zu ihrer Zeit nicht unumstritten. In der ersten Fassung, deren Druck abgelehnt wurde, war Pippi Langstrumpf nach Auskunft der Literaturwissenschaftlerin Astrid Surmatz noch nicht so gutmütig wie in der Kinderbuchfassung.

Fragt man aber, wie dieses Buch erzählt ist, so erhält man kaum eine Antwort. Das liegt daran, dass es ganz unauffällig erzählt ist: Die literarische Figur reicht vollkommen aus, um den Leser zu begeistern.

Besondere Handlungen

Anders gestaltet es sich bei den Geschichten von Michel aus Lönneberga. Auch diese Figur ist nicht realistisch gezeichnet, sondern gesteigert, aber nicht so entschieden wie Pippi Langstrumpf. Michel aus Lönneberga gehört zur typischen Kategorie der Lausbuben, wie sie weltweit in Kinderbüchern vorkommen. Es gibt zahlreiche andere Beispiele, die sich kaum von ihm unterscheiden. Auch die anderen Figuren um Michel herum weisen keine besonderen Merkmale auf. Der Knecht will nicht heiraten, ist aber ein pragmatischer und guter Freund. Der Vater zornig, die Mutter gütig – es sind alles Figuren, die sich nicht so weit vom Stereotyp entfernen wie Pippi Langstrumpf. Was aber die Michel-Geschichten so besonders macht, sind die Handlungen und ihre genauen Beschreibungen. Nicht mit einer experimentellen außergewöhnlichen Sprache, aber mit hervorragender Präzision und dem Vergnügen am Fabulieren. So nutzt die Beschreibung des zornigen Vaters, der in der Tressebude feststeckt, fast alle Möglichkeiten der Darstellung von Gefühlen und Bewusstseinsformen: Erzählerbericht, direkte Rede, indirekte Rede, erlebte Rede, Gedankenbericht, Projektion auf Körpersprache, Projektion auf die Außenwelt – ein Text, der leicht wirkt und mit viel Kunstfertigkeit gewoben ist. Handlungen und Dialoge sind auserzählt, durch Verzögerung mit Spannung aufgeladen, präzise beschrieben.

So legen viele Autoren die besondere Idee in die Handlungsführung. Sei es der »Mittsommernachtstraum« von Shakespeare, dessen ungewöhnliche zentrale Handlungsidee ihn von vielen Komödien seiner Zeit abhebt, oder wiederum Kafkas »Verwandlung« oder auch Patrick Süskinds »Parfum«, in dem ein Mörder die Düfte seiner Opfer in einem Duftdiadem einfangen will. Damit seien die Autoren nicht in eine Reihe gestellt, aber gezeigt, dass sie dasselbe Mittel nutzen.

Besondere Sprache

Die dritte Möglichkeit der besonderen Idee liegt in der sprachlichen Gestaltung. In den großen Klassikern der Moderne finden sich häufig Figuren, denen wenig Besonderes anhaftet und die sich als Durchschnittspersonen nicht anders verhalten, als es die meisten Menschen in ihrer Situation in der Realität auch tun würden. Dies gilt für Alfred Döblins »Berlin Alexanderplatz« genauso wie für die Figuren im Werk von James Joyce oder für jene von William Faulkner. Auch die Handlungen sind nicht ungewöhnlich, sondern meistens nachvollziehbar. Aber die Art und Weise, wie diese Autoren Erzählsituationen gestalten, das macht diese Bücher zu unverwechselbaren und unsterblichen Werken. Wie im »Ulysses«, in dem Tausende erfundene Wörter sind und jedes Kapitel in einer eigenen Sprachweise geschrieben ist. Deswegen spielt die Handlung auch eine untergeordnete Rolle, sie verschwindet hinter der Sprachgewalt. Und niemand wird dieses Werk in die Hand nehmen und erwarten, dass er es wie einen Thriller durchlesen kann.

Aber Sie werden natürlich auch Werke finden, in denen sowohl auf sprachlicher Ebene wie auch auf der Handlungsebene besondere Ideen verwirklicht werden. Nehmen Sie von William Faulkner »Als ich im Sterben lag«. Eine bizarre Handlung, in der eine Familie mehrere Tage lang auf einem Maultiergespann den Sarg mit der verwesenden Leiche ihrer Mutter in deren Herkunftsort fährt, um sie dort zu begraben. Sie wird aus der Perspektive von über fünfzehn Personen im inneren Monolog und Stream of Consciousness erzählt – in einer Weise, dass es nicht leicht ist, einen Überblick über das Geschehen zu erhalten. Die Figuren sind individuell und genau gezeichnet, sie sind allerdings keine »besonderen« Figuren, die durch außergewöhnliche Handlungen in Erinnerung bleiben und der Realität enthoben sind. Das Buch ist keine leichte Lektüre, zählt aber zu den großen Werken der Literatur und zeigt, dass man auch gegen die Lesererwartungen schreiben kann.

Zu viele besondere Ideen können ein Buch auch belasten. Es erscheint dann übertrieben ausgebaut und konstruiert. Meistens trägt eine besondere Idee ausreichend dazu bei, einen originellen Roman zu schreiben.

Nun ist es an Ihnen, einzelne Werke, die Sie mögen, auf diesen Befund hin zu untersuchen. Vielleicht finden Sie auf diese Weise heraus, dass manche Autoren mehr Ideen in ein Buch stecken, als man auf den ersten Blick wahrnehmen kann. Vielleicht entdecken Sie dabei den Grund, warum manche gut geschriebenen Bücher trotzdem keine Faszination auf Sie ausgeübt haben.

Die besondere Idee ist wichtig, um Menschen für das Thema, das Sie behandeln, zu faszinieren. Eine besondere Idee kann Menschen dazu bringen, ein Buch zu lesen, an dessen Thema sie eigentlich nicht interessiert sind.

Dennoch beeinflusst die besondere Idee nicht nur den Verkauf. Das Vergnügen an so einer Idee bringt und hält auch den Schreibfluss in Gang. Weil es Spaß macht, nicht nur davon zu erzählen, was schon jeder kennt, sondern auch davon, was wir in unserer Vorstellung erschaffen haben.

Probebühne des Lebens

Besondere Ideen finden wir selten oder nie in unseren Lebensgeschichten. Aber wir können die Ansätze dazu in Ereignissen und

Momenten entdecken, die wir erlebt haben. Wir müssen diese Ideen nur mutig weiterdenken und dürfen nicht peinlich sparen, weil wir Angst haben, dass uns niemand glaubt. Eine Fiktion ist eine Fiktion, und wenn sie konsequent und frei von inneren logischen Brüchen ist, gibt es keinen Grund anzunehmen, dass sie für den Leser unglaubwürdig erscheint. Natürlich werden nicht alle Leser solche Ideen akzeptieren oder mögen, aber darauf kommt es nicht an.

Dieter Wellershof hat von der Literatur als der Probebühne des Lebens gesprochen. Das, was man nicht leben kann – auch das, was man nicht leben muss –, das darf man darstellen. Auch die Visionen, wie alles hätte anders verlaufen können. Denn Literatur ist das, was passiert sein *könnte*. Deswegen hängt es von unserer Persönlichkeit ab. Von der Freiheit, die wir uns zugestehen, solche Ideen zu entwickeln. Man darf sich nicht davon abbringen lassen durch Menschen, die einem einreden, dass diese Ideen nur Hirngespinste seien, mit denen niemand etwas zu tun haben wolle. Für solche Ideen ist ein Ideenkeim nötig. Dieser lässt sich auf verschiedene Weise entwickeln. Wir können beispielsweise einen zweiten Ideenkeim hinzunehmen, der den ersten ergänzt und durch die Verknüpfung zweier eigentlich nicht zusammengehörender Dinge eine besondere Idee entstehen lässt.

In ihrem Buch »Suspense« beschreibt Patricia Highsmith auf sehr einleuchtende Weise, wie man aus der Verknüpfung von zwei im Grunde belanglosen Verbrechen eine ganz besondere Handlungsidee entwickelt: Ein Ehemann will seine Frau umbringen (Keim Nr. 1), entdeckt, dass sich in seinem Landhaus ein Mann versteckt, der von der Polizei gesucht wird (Keim Nr. 2). Der Ehemann erkennt, dass er den anderen Mann benutzen kann, um seine Frau umzubringen (Verknüpfung).

Manchmal genügt es auch, eine kleine Idee konsequent und mutig zu erzählen, wie es Kafka mit seiner »Verwandlung« gelingt. Er übertreibt nicht allzu sehr, aber er beseitigt nicht die inneren Widersprüche, die entstehen.

Bei allen Geschichten, vor allem aber jenen, die mit fantastischen Momenten arbeiten, sollte man nicht versuchen, das Geschehen zu erklären. Es ist eine beliebte Schwäche in vielen Texten, erst einmal eine Begründung zu finden und zu formulieren. Bei Kafka erfährt der Leser nicht, warum Gregor Samsa in einen Käfer verwandelt wurde. Man kann als Leser versuchen, einen Grund zu finden, aber er wird nicht formuliert. Hätte Kafka gezeigt, wie sich langsam Arme und Beine bilden und Gründe ersonnen, warum das geschieht, so wäre die Geschichte nicht in Gang gekommen.

Welthaltigkeit

Man darf alles, wenn man schreibt. Man muss es nur konsequent und mutig durchführen. Es muss im Inneren logisch und stimmig sein. Wenn Elefanten fliegen können, dann müssen sie das im ganzen Buch tun, es sei denn, es passiert etwas, wodurch sie ihre Flugfähigkeiten verlieren.

Unsere Literatur braucht nichts so sehr wie wilde, frische Ideen, welche die Fantasie und die Grenzen unseres Denkens sprengen, denn nur so lernen wir, eigene Ideen zu entwickeln und müssen nicht alle den vorgezeichneten Bahnen folgen.

Auch der Zufall, die Zusammenfügung verschiedener Lebensmomente kann besondere Geschichten entstehen lassen, wie es Gianni Rodari in seinem Buch »Die Grammatik der Phantasie« zeigt. Das spielerische, zufällige Zusammenstoßen voneinander unabhängiger Gedanken kann als fantastisches Binom oder fantastische Hypothese ganz besondere Ideen entstehen lassen, die am Ende mehr miteinander zu tun haben, als man anfangs zu glauben vermochte. Kreativität muss nicht die Welt neu erschaffen, sondern nur die inneren Verbindungen zwischen Dingen zeigen, die unserem oberflächlichen Blick verloren gegangen oder bislang von niemandem entdeckt worden sind. Literatur wird dann interessant, wenn unsere literarischen Figuren, das Geschehen oder der Erzähler Grenzen überschreiten. Das bedeutet nicht, dass man Texte schreiben soll, die tabuisierte Bereiche unseres Lebens darstellen, von denen es immer noch genügend gibt. Wenn aber Figuren etwas tun, was nicht in den gesellschaftlich konventionellen Rahmen fällt, wenn unsere Erzähler mit sprachlichen Mitteln erzählen, die neu und ungewohnt für den Leser sind, oder ihm ein völlig unerwartetes Geschehen gegenübersteht, dann hat das Buch über seinen autobiografischen Charakter hinaus etwas Besonderes, was es unverwechselbar macht. Solche Bücher haben auch die Chance, in ein Verlagsprogramm aufgenommen zu werden.

Dabei geht es nicht darum, um jeden Preis etwas Außergewöhnliches zu finden. Das kann zur Masche werden und den Leser schnell langweilen. Aber wenn wir über die Grenzen von Menschen, Handlungen und Erzählweisen nachdenken, denken wir auch über die Welt nach. Die Grenzüberschreitung führt dazu, sich mit der Welt auseinanderzusetzen. Diese Welthaltigkeit ist die Grundlage der besonderen Idee. Auch Pippi Langstrumpf könnte ohne die Erziehungsnormen der damaligen Zeit kaum ihre Kraft entfalten. In der zweiten Hälfte des 20. Jahrhunderts, vor dem Hintergrund der antiautoritären Erziehung, wäre das Buch eine Geschichte von einem wilden Mädchen geworden.

Erst wenn der Leser spürt, dass im Hintergrund ein menschliches, gesellschaftliches oder philosophisches Problem steht, kann eine besondere Idee in dessen Tiefe wirken. Und dann ist es auch leicht, diese Idee zu verkaufen und mit ihr für einen Verlag zu werben. Wenn es dann gelingt, mit dem Buch Aufmerksamkeit zu erringen, werden auch Kritiker oder Leser Worte finden, um auf den Text zu reagieren und ihn in die Welt hinauszutragen.

Teil 3:

Schaffens- und Arbeitswelten

Kapitel 13:

Beständigkeit: Qualitatives Zeitmanagement für Autoren

Dieses Kapitel handelt nicht von den Schwierigkeiten, die sich beim Schreiben von Texten ergeben, sondern davon, dass es manchmal schwierig ist, überhaupt zum Schreiben zu kommen. Selbst wenn man ein vernünftiges Konzept gefunden hat, heißt das noch lange nicht, dass man Zeit hat, es umzusetzen.

Viele fragen sich, wie viel Zeit man braucht, um einen Roman zu schreiben, zu welchem Zeitpunkt man das am besten macht und unter welchen Bedingungen.

Nun ist ein Roman, was den Zeitaufwand betrifft, ein großes Projekt, nicht vergleichbar mit dem Schreiben einer Kurzgeschichte. Besonders das Überarbeiten der Texte kann eine langwierige, zeitintensive Tätigkeit werden. Dabei braucht man unter bestimmten Bedingungen weniger Zeit, als man anfangs denken mag. Es erfordert jedoch, den Schreibprozess diszipliniert anzugehen und nicht nur darüber nachzudenken, dass man Schreiben möchte, sondern es auch wirklich zu tun.

Einen Roman zu schreiben bedeutet vor allem, regelmäßig und beständig an ihm zu arbeiten. Um das tun zu können, müssen Sie nicht Ihr Leben verändern, das könnte sogar von Nachteil sein. Immer wieder haben Menschen die Möglichkeit, sich ein Jahr freizunehmen, um ihren Roman zu schreiben, aber es ist erstaunlich, wie wenig sie in diesem Jahr schaffen. Die ersten drei Monate verbringen sie damit, die Angelegenheiten des täglichen Lebens zu ordnen, ihre Zeit einzuteilen, Dinge zu erledigen, die schon jahrelang nicht erledigt worden sind, und schließlich ein Konzept für einen Roman zu entwickeln. Dann erleben sie, dass andere Menschen vermehrt Aufgaben bei ihnen abladen, weil sie ja vermeintlich mehr Zeit haben. Schnell sind sechs Monate vergangen und nur zwei Kapitel geschrieben. Die letzten Monate sind dann von Stress geprägt, weil man immer mehr einsehen muss, dass das Jahr verschwendet war und man seine Ziele nicht mehr erreicht.

Auch Menschen, die vorübergehend arbeitslos werden und sich auf die Zeit freuen, weil sie einige Monate haben, um intensiv an ihren literarischen Texten zu arbeiten, schaffen viel weniger, als sie denken. Wir kennen das alle: Wenn wir plötzlich Zeit haben, überraschend oder geplant, verlieren wir auf einmal die Energie und stellen fest, dass wir in den Stunden, die wir uns sonst mühsam abgerungen haben, mehr geschrieben haben als jetzt, wo scheinbar unbegrenzt Zeit zur Verfügung steht.

Natürlich gibt es auch andere Beispiele. Drehbuchautoren, die sehr viel arbeiten, um ein Jahr lang keine Brotarbeit leisten zu müssen, nehmen sich ein freies Jahr, um endlich ihr Buch zu schreiben. Meistens steht dann aber schon ein Verlag fest und sie haben einen Abgabetermin. Auch sind sie es gewohnt, viel und regelmäßig zu schreiben. Eine bekannte Jugendbuchautorin, die als Lehrerin arbeitet, schreibt die erste Fassung ihres Buchs immer in den Sommerferien, weil sie nur dann genügend Ruhe hat, sich in die Handlung hineinzudenken. Während des Schuljahres überarbeitet sie das Buch, dafür ist dann auch neben der Unterrichtstätigkeit genügend Zeit. Und wir wissen von zahlreichen Autoren, dass sie Zeiten des Exils oder Gefängnisaufenthaltes zu literarischer Tätigkeit genutzt haben. Aber so eine Form von Zeitguthaben erhofft sich ja doch niemand.

Trotz aller äußeren Anstrengungen, in die wir getrieben werden, trotz der Geschwindigkeiten, in die uns der Zustand der Welt zwingt, können wir natürlich nachdenken, in welchen Lebensmomenten, Tagesabläufen, Jahresplanungen sich Zeitfenster öffnen. Zeitfenster, die wir zum Schreiben nutzen können, ohne dass es uns belastet. Denn das ist das Geheimnis eines qualitativen Zeitmanagements: nicht weiter unser Leben verdichten, bis uns die Ausgefülltheit jeder Minute erstickt, sondern einen Weg zu finden, unsere Lebenszeit so zu gestalten, dass es unser Leben verbessert. Es ist die Voraussetzung jedes erfolgreichen Schreibens, dass es uns nicht quält, sondern bereichert.

Es kommt bei diesen Fragen natürlich auch auf Ihre Persönlichkeit und Ihre Lebensumstände an. Sie selbst müssen die aufgezeigten Wege ausprobieren, müssen Ihren Weg finden.

Auf Qualität kommt es nicht an

Eines aber gilt für alle: Die Ausreden, nicht schreiben zu können, haben oft mit unseren Ängsten zu tun, nichts Richtiges auf das Papier zu bringen. Schreiben hat in unserer Kultur einen hohen Stellenwert. Zudem haben nicht wenige im Deutschunterricht der Schule schlechte Erfahrungen gemacht, die sich unbewusst festgesetzt haben. So meint man, mit dem ersten Entwurf ein brauchbares Ergebnis liefern zu müssen. Das gilt aber nicht für das Schreiben von Romanen, das stufenweise langsam den eigentlichen Text aus der Welt herausschält, wie ein Bildhauer die Skulptur aus dem Stein herausarbeitet.

Versuchen Sie sich nicht zu sehr unter Druck zu setzen. Denn alles, was zu Papier gebracht wird, kann man überarbeiten, das meiste ist sowieso überarbeitungsbedürftig. Eine Erfahrung, die fast alle Schriftsteller teilen. Deswegen ist es der falsche Weg, nur an das Ergebnis zu denken, wenn man sich an den Schreibtisch setzt. Kaum ein Werkstoff lässt so viele Änderungen ohne Aufwand zu wie die Sprache. Mit einem kleinen Strich lässt sich ein wenig geeignetes Wort durch ein besseres ersetzen. Warum also soll man sich vor mangelnder Qualität fürchten? Es gibt keinen Grund dazu. Zudem bedeutet Schreiben nicht nur Worte aneinanderzureihen. Selbst wenn man am Schreibtisch sitzt und nur über seinen Text nachdenkt und nach zwei Stunden kein Wort formuliert hat, hat man dennoch viel getan. Das Nachdenken über den Text, die Suche nach dem richtigen Wort, dem richtigen Ansatz, dem richtigen Ton, ist genauso Schreibarbeit wie das tatsächliche Formulieren von Worten. Sie vergeuden also nicht Ihre Zeit, im Gegenteil. Das Nachdenken über einen Text ist mindestens so wichtig wie das Schreiben.

Viele Menschen führen Zeitmangel auf ihre Lebensumstände zurück. Die einen haben Familie und werden von dieser vollständig in Anspruch genommen. Aber auch diejenigen, die allein leben, haben kaum Zeit. Wenn sie abends nach Hause kommen, sind da zwar keine Kinder, um die sie sich kümmern dürfen, aber dennoch Hausarbeiten zu erledigen, sie sind müde, erschöpft und müssen kochen, sie müssen E-Mails beantworten und schließlich will man ja auch nicht auf seine Freunde verzichten. All das stimmt zweifelsohne und die wenigsten Menschen haben einen Überschuss an

Zeit zu verbrauchen. Dennoch kann man trotz dieser Aufgaben schreiben.

Wir wissen aus den gängigen Büchern über Zeitmanagement, dass unsere Zeit von vielen unnötigen Dingen angegriffen und aufgefressen wird. In unserer digitalen Welt wird dies besonders von überflüssiger E-Mail-Kommunikation, von Social-Media-Kontakten, Onlinespielzwängen oder Computerproblemen gefördert. Wir sind immer aufgerufen zu überlegen, ob wir das wirklich wollen oder ob wir nur willfähriger Teil eines Geschäftsmodells werden, das uns aber in Wirklichkeit vom Denken abhält. Die Erfahrung zeigt auch, dass als Erstes der Fernsehkonsum sinkt, je tiefer man in sein Projekt einsteigt, und ich habe noch niemanden erlebt, der dies bedauert oder etwaige Nachteile darin gefunden hat. Auch sind Ängste vor sozialer Isolation unnötig, wenn man den Schreibprozess klug und umsichtig in sein Leben integriert, wenn man gut plant, die Nischen findet und sie in richtiger Weise ausfüllt.

Den richtigen Zeitpunkt finden

Manche Menschen schreiben gerne morgens. Sie stehen eine halbe oder eine ganze Stunde früher auf und setzen sich mit einer Tasse Tee oder Kaffee an ihr Buchprojekt. Sie nutzen die stillen Momente, bevor Kinder und Ehepartner aufwachen, bevor sie zur Arbeit gehen müssen etc. Ein Vorgehen, das zu großer Zufriedenheit führen kann, da man den ganzen Tag auf das Geschaffene zurückschauen kann und sich auf den nächsten Morgen freut, wenn man weitermachen darf.

Eine andere Variante besteht darin, nach der Arbeit nicht nach Hause zu gehen, sondern einen ruhigen Ort wie ein Café oder eine Bibliothek aufzusuchen, wo man in ungestörter Umgebung eine halbe Stunde an seinem Text arbeiten kann. Diese halbe Stunde fällt im täglichen Zeitplan kaum auf und kann auch als Übergang von der Arbeit zur Freizeit als angenehm empfunden werden. Gerade Menschen mit Familie und anstrengenden Tätigkeiten können hier vom Berufsstress Abstand gewinnen und ruhiger, friedlicher gestimmt nach Hause kommen.

Schließlich gibt es noch die Möglichkeit, abends zu arbeiten, wenn alle anderen im Bett sind und Ruhe herrscht. Das eignet sich kaum für die Personen, die am Abend zu erschöpft sind. Aber mit dem richtigen Ritual und der richtigen Einstellung lässt sich durchaus noch etwas vollbringen. Selbst wenn man müde ist, kann man sich oft überreden, noch eine Tasse Tee an seinem Schreibtisch zu trinken und nur ein wenig in sein Manuskript hineinzuschauen. Nicht selten erlebt man, dass man innerhalb weniger Minuten wieder hellwach ist und angeregt von dem Geschriebenen, von der Geschichte alle Müdigkeit vergisst und noch ein gutes Stück vorankommt. Es gibt Autoren, die sogar erst in der Nacht zu schreiben beginnen und aus einem Tag zwei machen. Aber es hängt von den Lebensumständen ab, vom eigenen Biorhythmus und anderen Faktoren. Weite Teile von »Die Haut der Steine« sind in der Nacht entstanden, im ersten Lebensjahr meiner Tochter. Meine Frau arbeitete, ich war im Erziehungsurlaub und zuständig für die nächtliche Betreuung des Kindes. Da es sehr schlecht schlief, lohnte sich das Zubettgehen nicht. So duschte ich gegen 21 Uhr, zog mich frisch an, kochte Kaffee und arbeitete bis drei Uhr nachts, trug meine Tochter durch das Haus, fütterte sie und schrieb zwischendurch wieder einige Zeilen. So entstand der Hauptteil des Buchs. Auch wenn man solche Methoden über keinen längeren Zeitraum durchhalten kann, so helfen sie doch, mit dem Manuskript ein großes Stück weiterzukommen.

Es geht darum, den Schreibprozess in das Leben zu integrieren und nicht, seine Lebensweise zu ändern. Niemand muss Familie und Freunde verlassen, den Beruf aufgeben, um einen Roman zu schreiben. Es lässt sich sogar ein Roman schreiben, wenn man überhaupt keine Zeit dafür hat. Ein Kollege, der in familiäre und berufliche Aufgaben so stark eingebunden war, dass wirklich kaum Zeit für ihn blieb, hat jeden Tag fünf Zeilen geschrieben und so sein Romanprojekt verwirklicht. Fünf Zeilen am Tag, das schaffe er auf jeden Fall, sagte er.

Man braucht dann für 140 Seiten gerade einmal 840 Tage oder zweieinhalb Jahre – keine außergewöhnliche Zeitspanne für einen Roman. Man kann mit dieser Methode einen Text nicht gut chronologisch durchschreiben. Wenn man aber das Thema im Kopf hat und einen Überblick über die einzelnen Kapitel, den Handlungsstoff, und weiß, welchen Sprachton man treffen will, dann wird es einem leicht gelingen, jeden Tag fünf Zeilen zu produzieren. Ein bekannter Lyriker sagte unlängst zu mir, dass er sich wundere, wie er früher nächtelang über Gedichten gesessen habe. Heute schreibe er manchmal ein Gedicht, während das Kind sich die Zähne putzt oder bevor er es in den Kindergarten bringt und seltsamerweise sei zwischen den Arbeiten von damals und denen von heute kein großer qualitativer Unterschied zu erkennen.

Das liegt einerseits sicherlich an der Erfahrung eines Autors, aber auch daran, dass unbewusste Denkvorgänge an der Erschaffung von literarischen Texten stärker beteiligt sind, als wir es vielleicht wahrhaben wollen.

Und mit diesem Gedanken kommen wir zum entscheidenden Punkt. Günther Eich hat einmal gesagt, dass Schreiben nicht nur eine pekuniäre Entscheidung sei. Schreiben heiße sich zu entscheiden, die Welt als Sprache zu sehen. In Anlehnung an dieses Wort ließe sich sagen: Wir öffnen unser Leben für das Schreiben und integrieren es als Selbstverständlichkeit in unser Dasein. Was hat das für praktische Auswirkungen? Wenn man ein- bis zweimal die Woche ein paar Stunden Zeit findet, ungestört zu schreiben, dann kann das ausreichen, um in absehbarer Zeit die erste Fassung des Textes fertigzustellen. Das kann ein Wochenendnachmittag oder ein Abend nach einem mäßig anstrengenden Tag sein. Aber er muss regelmäßig für das Schreiben verwendet werden und nicht für andere Zwecke.

Nun muss einem genau in diesen zwei Stunden, die zur Verfügung stehen, auch etwas einfallen. Sonst sitzt man vor dem Papier und verbringt die wertvolle Schreibzeit damit, sich in den Text hineinzudenken, nachdem man eine Woche mit anderen Fragen zu tun hatte. Es ist nicht leicht, emotional wieder einzusteigen, Figuren und Handlung erneut zu imaginieren. Deshalb brauchen wir eine Arbeitsweise, die uns auf diese Schreibzeit vorbereitet, die dazu führt, dass wir die wenigen Stunden auch optimal ausnutzen können.

Arbeiten mit dem Unterbewusstsein

Wir nutzen dazu ein Wechselspiel von bewussten und unbewussten Denkvorgängen. Es beruht darauf, dass wir komplexe Entscheidungen selten gedanklich bewusst lösen. Wir »schlafen eine Nacht drüber« und stellen am Morgen erstaunt fest, dass die Lösung, die gestern noch so fern schien, nun deutlich und klar vor uns steht. Sie wurde wie von selbst, tatsächlich aber von unbewussten Denkprozessen geklärt.

Bei schwierigen Entscheidungen, die einem bevorstehen, geschieht das von selbst. Auch beim Schreiben muss das unbewusste Denken nicht zur Arbeit angehalten werden. Das geschieht durch folgende Maßnahmen: Sie brauchen ein Notizbuch, das Sie immer bei sich führen sollten. Wenn Sie zu Hause sind, sollte es auf Ihrem Schreibtisch liegen, als Erinnerung, dass Sie einen Roman schreiben. Sie brauchen es nicht aufzuschlagen, es muss nur da sein, Sie müssen es aus dem Augenwinkel wahrnehmen. Die zweite Maßnahme ist noch viel wichtiger: Immer dann, wenn Sie gerade etwas tun, was Ihre Geisteskraft nicht in Anspruch nimmt – wenn Sie einen Aktenordner von einem Regal zum anderen tragen oder wenn Sie Geschirr spülen oder wenn Sie im Zug aus dem Fenster sehen oder im Stau stehen –, stellen Sie sich kurz die Szene vor, an der Sie gerade arbeiten. Sie holen aus dem unbewussten Denken die vage Vorstellung, die Sie bereits gewonnen haben, in Ihr Bewusstsein, halten diese dort einige Sekunden fest und schieben die Vorstellung dann wieder von sich weg. Es kommt dabei nicht darauf an, dass Sie eine neue Idee haben, es geht nur um diesen Moment der Vorstellung. Mehr müssen Sie nicht tun. Wenn Sie diesen Vorgang mehrmals am Tag, vielleicht drei oder vier Mal, durchführen, werden Sie feststellen, dass sich die Szene mit mehr Bildern anzureichern beginnt, ohne dass Sie diesen Vorgang bewusst steuern. Es werden Ihnen mehr und mehr Einzelheiten zugänglich, die Figuren beginnen plötzlich zu gestikulieren, Mimik bildet sich in den weißen Flecken der Gesichter. Sie spüren eine innere Spannung, dass sich etwas an der Geschichte entwickelt. Sie müssen das nicht aufschreiben. Nach einigen Tagen mit diesem Vorgehen fallen Ihnen die ersten Formulierungen ein, die Sie für brauchbar halten.

Nutzen Sie jetzt das Notizheft, das Sie glücklicherweise dabei haben. Stellen Sie sich vor, Sie hätten die Szene zu schreiben, bei der Judith zu ihren Eltern zurückkehrt. Sie wissen nicht, was da passiert, wie die Eltern reagieren. Sie wissen nur, dass Sie die Szene schreiben müssen. Am ersten Tag beginnen Sie, indem Sie sich ganz vage vorstellen, wie Judith vor dem Haus steht. Auch dieses Haus können Sie nicht erkennen. Es ist ein erstes Bild, nebelhaft, ohne Konturen, ohne Gesicht. Lassen Sie es auf sich wirken. Einige Stunden später sehen Sie, wie das Haus aussieht, und wenn Sie es später wieder aus Ihrem unbewussten Denken hervorholen, wie Judith auf das Haus zugeht. Sie sehen den Garten, und das genügt bereits. Einen Tag später wissen Sie, wer die Tür öffnet, und so geht es weiter.

Peter Handke hat diesen Prozess beschrieben: Durch die Verpuppung von Erfahrung, im Wechsel zwischen Bewusstsein und Unterbewusstsein, reifen diese Puppen wie Schmetterlingsraupen.

Nehmen wir an, Sie haben am Samstagnachmittag Ihre Schreibzeit. Dann beginnen Sie am Montag mit ersten Imaginationen und werden spätestens am Mittwoch eine innere Spannung empfinden. Donnerstag machen Sie schon laufend Notizen zu der Szene, die Sie schreiben wollen, am Freitag können Sie es kaum erwarten, an den Schreibtisch zu kommen. Samstagnachmittag ist es dann so weit. Sie führen ein kleines Ritual durch, trinken Tee und hören die Musik, die Sie beim letzten Schreibnachmittag gehört haben, Sie lesen sich die Seiten der letzten Woche noch einmal durch – und nach dieser Vorbereitung sollten Sie die Szene zu Papier bringen können. Dann haben Sie sich »leer geschrieben«, den Sonntag gönnen Sie sich als Pause und am Montag nehmen Sie die Arbeit wieder wie oben beschrieben auf. Diese Beschreibung stellt natürlich nur eine Möglichkeit dar, wie sie mit dieser Methode umgehen können.

Wenn Sie mehr Zeit zum Schreiben haben, jeden oder jeden zweiten Tag an Ihrem Werk arbeiten, dann sollten Sie Ihre Schreibzeit nicht dann beenden, wenn Ihnen nichts mehr einfällt, sondern dann, wenn es besonders gut läuft. Den kreativen Schwung nehmen Sie dann mit in Ihren Alltag, in Ihren Schlaf, in Ihre Träume. Und Sie haben am nächsten Morgen mehr Lust, an Ihrem Text zu arbeiten, als wenn Sie noch traumverloren am Schreibtisch vor sich hin sinnen und eine besonders schwierige Stelle in den Griff bekommen müssen. Haben Sie keine Angst, Ihre guten Ideen zu vergessen oder nicht mehr gut aufgelegt zu sein. Wenn Sie es mit dem Schreiben ernst meinen, werden Sie der Text und die Arbeit daran weitertragen.

Das oben beschriebene Verfahren ist zeitlich völlig unaufwendig und hat noch einen anderen positiven Effekt: Man stellt seine Wahrnehmung anders ein. Man sieht die Welt mit den Augen seines Projekts. Man sagt, dass Frauen, wenn sie schwanger werden, überall schwangere Frauen bemerken, Kaminofenbesitzer überall Brennholz herumliegen sehen, jemand, der ein bestimmtes Auto kauft, überall Autos desselben Typs entdeckt. Der Blick verändert sich durch diese Methode, schärft sich, und man bemerkt zur eigenen Überraschung Menschen und Ereignisse vor sich, die in den Roman bestens hineinpassen. Als habe man nach ihnen gesucht. Es liegt aber daran, dass man sein Leben für das Schreiben geöffnet hat, mit und in seinem Roman lebt. Er ist zu einem Teil des Lebens geworden, auf den man nicht mehr verzichten will.

So kann man Parallelen zwischen der Fiktion und dem eigenen Leben finden und die Wahrhaftigkeit des Textes spüren. Man merkt, dass das Beschriebene nicht nur eine persönliche Angelegenheit darstellt, sondern in der Welt vorhanden ist. So gewinnt das eigene Leben durch den Schreibprozess an Qualität. Er bereichert das eigene Dasein und plötzlich kommt es gar nicht mehr darauf an, wie die Geschichte zu vermarkten ist. Nein, es kommt vielmehr darauf an, dass Sie zum Schöpfer einer Geschichte werden, die Ihnen ganz allein gehört und doch vielen Menschen etwas sagen kann, weil sie in der Welt und mit der Welt entstanden ist.

Kapitel 14:

Qual oder Vergnügen? Von der Erstfassung zum fertigen Manuskript

Wenn man es geschafft hat, einen fortlaufenden Text mit mehr als hundertvierzig, vielleicht sogar zweihundert Seiten zu schreiben, darf man sich zurücklehnen und zufrieden sein, denn man hat etwas geschafft, was nicht vielen gelingt. Die meisten geben vorher auf, aus Gründen, die wir bereits besprochen haben. Dennoch beginnt an diesem Punkt erst die eigentliche Arbeit des Schriftstellers. Ich habe oft Erstfassungen gelesen, begutachtet und mit der Autorin oder dem Autor ein Konzept zur Verbesserung des Manuskripts erarbeitet. Ich habe feststellen müssen, dass die wenigsten die Kraft und Energie aufgebracht haben, es umzuarbeiten. Das könnte daran liegen, dass sich für viele das Schreibziel mit der Fertigstellung einer Erstfassung bereits erfüllt hat. Die Geschichte hat den Kopf verlassen, ist zu Papier gebracht und somit objektiviert. Bei vielen Geschichten, die auf autobiografischen Erlebnissen beruhen, fehlt der Antrieb, erzähltechnisch und sprachlich den Text weiter zu bearbeiten, was auch eine Veränderung des erlebten Inhalts nach sich zieht.

Manche bearbeiten ihre Texte nicht weiter, weil sie das Ergebnis ihrer Arbeit nicht einschätzen können und meinen, ein fertiges Manuskript vor sich zu haben. Das ist nachvollziehbar, denn die Qualität des eigenen Textes zu erkennen ist schwierig und gelingt oft nur mit jahrelanger Erfahrung. Die meisten unerfahrenen Autoren haben nur ungefähre Vorstellungen von Sprache und deren Wirkung, und so kommt es, dass die Geschichte zwar erzählt ist, aber noch lange nicht so, dass sie anderen Menschen Lesevergnügen bereitet. Man sollte den Text also nicht sofort kopieren und an möglichst viele Verlage versenden oder als E-Book publizieren. Es empfiehlt sich, ihn eine Zeit lang liegen zu lassen, um Distanz zum Geschriebenen zu gewinnen. Nach ein oder zwei Monaten nehmen Sie den Text wieder in die Hand und lesen ihn als Leser. Sie werden dabei nicht wenige Überraschungen erleben. Oft kommen einem die Passagen, die man für besonders gelungen hielt, dann schon manieriert vor, andere Stellen, die man in langwierigen Sitzungen in harter Arbeit zusammengeflickt hat, werden einem besser gefallen als zuvor. Autoren arbeiten mit der *Try and error*-Methode. Zumindest bei literarischen Werken, die nicht nach einem einfachen Muster geschrieben werden, kommt es immer wieder zu Irrtümern. Konzepte lassen sich nicht so realisieren, wie man es sich vorgestellt hat. Sätze wollen nicht gelingen, eine Situation lässt sich nicht in Worte fassen. Hinzu kommen Wochen, in denen man einem Ton nachspürt, und wenn man glaubt, ihn gefunden zu haben, erweist sich nach einigen Kapiteln die ganze Arbeit als misslungen und zwingt einen zu einer Neuüberlegung.

Patricia Highsmith berichtet in ihrem Buch »Suspense oder wie man einen Thriller schreibt« von Büchern, mit denen sie Pech hatte. Die erste Fassung eines Romans sei derart verkorkst gewesen, dass sie in der zweiten Fassung so viel änderte, bis nur noch der Schauplatz übrig blieb. Man hört von vielen Autoren Geschichten von unkalkulierbaren Risiken und Wagnissen. Jeder geht sie ein, der einen Erzählstoff zu bewältigen sucht.

Petra Morsbach stellt in aller Deutlichkeit in ihrem Essay »Warum Fräulein Laura freundlich war« fest, dass jeder literarische Erzähler Monate und Jahre seines Lebens unfertigen Texten widme. Denn die Arbeit des Schriftstellers bestünde nicht nur darin, in wenigen Wochen dreihundert Seiten zu schreiben, sondern auf seine schlechten Sätze zu achten, herauszufinden, warum die Sätze schlecht sind und dann die richtigen Folgerungen daraus zu ziehen.

Das sei hier als Trost für all jene eingefügt, die mit Mühe ein Romanmanuskript fertiggestellt haben und im Laufe der folgenden Zeit auf immer mehr Fehler aufmerksam werden. Es geht dabei nicht nur um die richtige Wortwahl, darum, abgegriffene Wendungen oder Überflüssiges zu eliminieren. Manchmal sind Konstellationen falsch angelegt, zu viele Figuren tragen ähnliche Charakterzüge und meistens fehlt schlichtweg der Konflikt oder er ist zu schwach ausgeführt. Oft sind es auch zu viele Handlungslinien, die durch ein Buch führen und sich gegenseitig die Aufmerksamkeit des Lesers rauben.

Die eigenen Fehler erkennen

Ist der Text fertig, beginnen Sie sich von ihm zu lösen. Auf diese Weise gewinnen Sie als Autor Distanz zum eigenen Werk. Sie erkennen die Fehler Ihres Erzählers leichter und bekommen Lust, sie zu beseitigen und die Potenziale des Textes auszuschöpfen.

»Die Haut der Steine« ist in vielen Arbeitsschritten entstanden. Anfangs habe ich sogar versucht, das Buch im Präsens zu schreiben, da ich mir die Bewegung der Satelliten ziellos und daher auch zeitlos vorstellte. Sie sollten keine lineare Entwicklung zeigen und daher bot es sich an, in der Zeit der absoluten Gegenwart zu schreiben. Ich schrieb in der ersten Fassung einige Kapitel im Präsens, gab diesen Plan aber auf, als ich merkte, dass sich doch eine lineare Handlung entwickelte, welche sich besser im normalen Erzähltempus, dem Imperfekt, erzählen ließ.

Einen anderen Irrweg beschritt ich im Versuch, das Problem zu lösen, das sich durch die dramaturgische Isolation von Anton ergeben hatte. Also ließ ich Judith Anton von dem Unfall erzählen, woraufhin er sich sofort auf den Weg zu Johanna machte. Daraus entwickelten sich eine Reihe von Konflikten zwischen Anton, Judith und ihren Eltern. Aber ich wollte keinen Familienroman schreiben, sondern meine Figuren als Satelliten zeigen, die sich um sich selbst drehen und nicht vorwärts kommen. Ich blieb also bei meiner Ursprungsidee, warf die vierzig neu entstandenen Seiten in den Papierkorb und versuchte etwas anderes.

Erst als ich mich entschieden hatte, die Geschichte der Hausentmietung zu verwenden, konnte ich einen Szenenplan entwickeln. Ich schrieb dann innerhalb eines knappen Jahres sehr regelmäßig, immer wenn sich Zeit bot, am Abend und in der Nacht noch einmal von vorne bis hinten durch. Nach einem weiteren halben Jahr war mein Text schließlich fertig. Ich sah die 280 Seiten hinsichtlich Sprache und Stilistik noch einmal durch und begann das Manuskript an Verlage zu schicken, mit denen ich entweder schon als Autor zusammengearbeitet hatte oder für die ich persönliche Empfehlungen hatte. Die Antworten waren so kurz gehalten, dass es mir verdächtig vorkam. Ich entschloss mich, das Manuskript noch einmal selbst zu überarbeiten. Einige Szenen kamen mir nun entsetzlich lang vor und ich meinte an jeder beliebigen Stelle schwache Formulierungen zu entdecken. Abgesehen davon hatte es bis zu diesem Zeitpunkt noch niemand gelesen – ich hatte versäumt oder nicht gewagt, es anderen zu zeigen. Daher hatte ich keinerlei Einschätzung bezüglich der Qualität meines Manuskripts.

So überarbeitete ich mein Manuskript ein weiteres Mal. Ich strich im Text Passagen heraus, fügte, wenn nötig, neue ein und versuchte all das herauszunehmen, was es nicht wirklich brauchte. Als diese Arbeit, die noch einmal ein gutes halbes Jahr in Anspruch nahm, beendet war, begann ich wieder mit der Suche nach einem Verlag. Ein Bekannter, der von einer nicht unbedeutenden Literaturagentin vertreten wurde, empfahl mich und ich übergab ihr persönlich das Manuskript, um wenige Wochen darauf ein Gutachten zugeschickt zu bekommen. Es wurden Sprache und Stil gelobt, Dialoge und Beschreibungen stünden in einem sehr guten Verhältnis zueinander, nur: Was das Handeln meiner Figuren beträfe, vor allem das von Judith – das sei überhaupt nicht verständlich. Ich überlegte, hinterfragte, fand keine Antwort. Ich bat eine Freundin, die viele Jahre als Lektorin für große Verlage gearbeitet hatte, das Manuskript zu lesen. Sie kam zu der gleichen Einschätzung. Was Judith eigentlich wolle, warum sie so handle, fragte sie – ich bemühte mich, es zu erklären. Ja dann, sagte sie, müsse ich das auch so schreiben.

Ich hatte bei der Überarbeitung des Manuskripts versehentlich eine wesentliche Szene gestrichen, weil sie mir überflüssig vorgekommen war. Dabei hatte ich nicht gemerkt, dass sie für Judiths Handeln eine entscheidende Bedeutung hatte. Judith lässt sich kurz nach Johannas Unfall von deren Liebhaber verführen und fühlt sich deshalb ihrer Schwester gegenüber schuldig. Diese Szene motivierte ihr ganzes Verhalten gegenüber Johanna und Vleutz. Sie muss Johanna sprechen und sie um Verzeihung bitten. Dadurch, dass diese aber im Koma liegt, ist das nicht möglich. Alles, was Judith dann im Roman tut, muss unter dieser Voraussetzung gesehen werden, aber da ich die Szene gestrichen hatte, ergab das ganze Gefüge keinen Sinn mehr. Nun wusste ich, was ich ändern musste. In einer weiteren Überarbeitung wurde das Schuldmotiv Stück für Stück in die Szenen eingearbeitet, sodass eine durchgehende Motivationslinie entstand.

Das war nicht die letzte Fassung, die geschrieben werden musste.

Das Manuskript wurde noch einmal lektoriert und im Verlag Korrektur gelesen. Ich war mit einigen Szenen immer noch nicht glücklich und änderte sie. Ich erinnere mich dunkel an den Versuch, alles Geschehen in die Fantasie einer Figur zu legen und nur aus ihrem Kopf heraus zu erzählen. Glücklicherweise bin ich diesem Gedanken nur kurz gefolgt. Ich erinnere mich, wie oft ich die einleitenden Sätze umgestellt habe, bis ich mich endgültig für einen Anfang entschied.

Meine Unerfahrenheit mit Ideen, Texten und ihrer Wirkung machte es nicht leichter, diesen Weg zu finden, und ich weiß bis heute nicht, ob ein anderer Weg nicht zu einem interessanteren Ergebnis geführt hätte. Irrwege sind jedoch Teil der Arbeit und ich gehöre vermutlich zu den Autoren, die nicht auf sie verzichten können. Aber immer, wenn die Arbeit besonders leicht von der Hand geht, besteht die Gefahr, dass es sich später durch Beliebigkeit rächt, wie es Anna Mitgutsch zum Ausdruck bringt.

Ich habe dieses Buch zweieinhalbmal neu geschrieben und zweimal komplett überarbeitet, bevor es lektoriert und korrigiert wurde. Das ist wahrscheinlich ein verhältnismäßig hoher Aufwand. Wenn man diese Erfahrungen zusammenfasst, kann man sich den Ablauf modellhaft vorstellen. Bei Ihnen muss es natürlich nicht zwangsläufig ebenfalls auf diese Weise ablaufen. Sie können sich aber an diesem Modell orientieren, wenn Sie möchten, und es Ihren Bedürfnissen entsprechend variieren.

Die erste Fassung

Die erste Fassung sollte man so schnell wie möglich schreiben. Geradezu rücksichtslos. Sie ist das Grundstück, auf dem Sie später das Gerüst Ihres Textes errichten. Sie dient dazu, alles aus Ihnen herauszuholen, was sich zu dem Thema finden, assoziieren und ausprobieren lässt. Sie ist die Fassung, in der Sie auch mit wenig Erfahrung alles dürfen und sollen, was Sie wollen.

Versuchen Sie in möglichst kurzer Zeit und ohne Unterbrechung zu schreiben. Achten Sie nicht auf Fehler, sondern nur darauf, möglichst viel zusammenhängenden Text aufs Papier zu bringen. Horchen Sie in sich hinein und lassen Sie neue Ideen zu, die den Text in andere Richtungen lenken. Wenn Sie Nebenlinien entdecken, so nehmen Sie sich die Zeit, zu sehen, was sie Ihnen bieten. Am Ende stellt man vielleicht fest, dass sie zur Haupthandlung passen. Probieren Sie verschiedene Stile aus, wenn Sie Lust dazu haben oder spüren, dass es wichtig sein könnte – so lange, bis Sie auf den Ton stoßen, von dem Sie intuitiv das Gefühl haben, dass sich der Text so am besten erzählen lässt.

Selbst wenn sich Ihre Figuren ändern, weil Sie auf einmal das Gefühl haben, dass beispielsweise Ihre Hauptfigur im Erscheinungsbild einer alte Dame besser zur Geltung käme als in der Figur eines jungen Mannes, dann versuchen Sie es zu ändern. Wenn das nicht funktioniert, können Sie die alte Gestalt der Figur wiederherstellen.

Diese Art, eine Erstfassung zu schreiben, ist nur eine Methode. Wenn Sie eine andere Methode anwenden, sollten Sie trotzdem eine Regel beachten: Unterbrechen Sie nicht das Schreiben der ersten Fassung, um Korrekturen vorzunehmen. Versuchen Sie, an den Schluss zu gelangen, weil Sie dann ein vorläufig abgeschlossenes Ergebnis haben und nicht nur ein Fragment. Es gibt nichts Gefährlicheres für ein Manuskript, als wenn man während des Schreibens beginnt, weiter vorne Korrekturen anzubringen. Auf diese Weise verliert man den Überblick über seinen Text schneller, als man es glauben mag. Wenn Sie nicht mehr weiter wissen, dann ist es vermutlich besser, das Manuskript liegen zu lassen und sich erst einer anderen Arbeit zu widmen, als wieder von vorne zu beginnen. Nur wenn Sie wirklich überzeugt sind, an dieser Stelle nicht weitermachen zu können, sollten Sie den Text aufgeben. Dann beginnen Sie aber am besten mit einem weißen Blatt Papier oder einer neuen Datei von vorne.

Wenn Sie zum bereits geschriebenen Teil weitere Ideen oder Verbesserungswünsche haben, dann notieren Sie sich das in ein Notizbuch. Aber schreiben Sie die Fassung zu Ende, quälen Sie sich zum Ende durch, beenden Sie sie so schnell oder langsam wie es möglich ist, aber beenden Sie sie. Legen Sie das Manuskript dann weg, lassen Sie den Text und Ihre Gedanken ruhen. Erst nach einer Pause sollte man mit dem nächsten Arbeitsgang beginnen.

Die zweite Fassung

Im zweiten Arbeitsgang formen Sie aus dem möglicherweise chaotischen Text der ersten Fassung ein lesbares Manuskript. Wenn Ihr

Text zu langweilig ist, müssen Sie versuchen, Bilder zu finden. Wenn er zu chaotisch ist, müssen Sie Entscheidungen treffen, was Sie weglassen und was Sie weiter verwenden können.

Das schnelle, zügige Lesen des Textes stellt eine Methode dar, sich der Textwirkung in seiner Gesamtheit bewusst zu werden. Achten Sie dabei nicht auf sprachliche Einzelheiten, sondern versuchen Sie den Text als Leser zu erleben. Was gefällt Ihnen und was nicht? Sie sind der erste Leser, urteilen Sie nach Ihrem Gefühl. Und versuchen Sie ehrlich zu sein. Wo ist der Text zu dicht, wo langweilt er Sie? Vor dem Schreiben der zweiten Fassung muss man Entscheidungen treffen und sich daran halten. Sie müssen planen, überlegen, reflektieren. Nun müssen Sie wissen, wie Ihre Figur aussieht, welche Charakterzüge Sie herausarbeiten müssen. Sie können ein erstes einseitiges Exposé für Ihren Roman schreiben, in dem Sie die Haupthandlungslinien und anderen Inhalte knapp formulieren. Das ist im frühen Stadium eine sinnvolle Übung, da Sie dadurch Ihren Text in seinen wesentlichen Elementen fixieren. Dass sich immer noch sehr viel verändern kann, macht dabei nichts. Es ist einfacher, ein Exposé umzuschreiben, als nach vielen Arbeitsschritten und vielleicht Arbeitsjahren das auf einer Seite zusammenfassen zu müssen, wofür man zweihundert Seiten gebraucht hat, um es zu erzählen.

Schreiben Sie beständig und ruhig, so präzise wie möglich die zweite Fassung, um einen stabilen Text zu erhalten, der einheitlich, kontinuierlich und sprachlich angemessen erzählt ist. Versuchen Sie sich an die Vorgaben, die Sie sich selbst gemacht haben, zu halten. Schreiben Sie nach allen Regeln der Kunst und scheuen Sie sich nicht, Fortbildungen zu besuchen für Bereiche, die Ihnen nicht gut gelingen wollen. Andere Personen können einem ansonsten in dieser Arbeitsphase wenig helfen. Sie können sogar den Fortgang der Arbeiten stören, da sie vielleicht andere Vorstellungen in den Text tragen, die Sie verwirren und von dem eingeschlagenen Weg ablenken.

Die ersten Kritiken

Erst wenn Sie diese zweite Fassung geschrieben haben, kommt der richtige Zeitpunkt, andere Menschen in den Entstehungsprozess einzubeziehen. Suchen Sie sich Leser, die bereit sind, eine Meinung zu dem Text abzugeben. Gute Freunde sind dafür am wenigsten geeignet, da sie ein Interesse am Erhalt der Freundschaft haben und Ihnen vielleicht keine ehrliche Meinung sagen werden. Außerdem sind Sie nicht mit Ihnen befreundet, um Ihre Manuskripte zu lesen, sondern vergnüglichere Dinge zu tun. Lebenspartner sind da schon besser geeignet. Sie sind eher bereit, ihre ehrliche Meinung zu äußern. Sie wollen vor allem nicht, dass Sie sich mit Ihrem Text blamieren. Daher kritisieren sie eher härter.

Dann gibt es Menschen, die ebenfalls schreiben oder auf andere Weise mit Literatur zu haben. Auch bei ihnen besteht die Gefahr, dass sie aus Angst, selbst hart kritisiert zu werden, nicht wirklich sagen, was sie denken. In Internetforen kann man schwer filtern, welche Aussagen relevant sind – ahnungsloses Gerede und übertriebenes Lob finden sich genauso wie präzise und kenntnisreiche Äußerungen. Man kann Lektoren für ein Gutachten bezahlen, aber auch dabei gilt es, den richtigen, verständnisvollen Kritiker zu finden und nicht jemanden, der zu schnell seine eigenen Vermarktungsfragen in den Text trägt und keine Rücksicht auf die eigentliche Schreibintention nimmt.

Ich halte eine Mischung von Menschen, die viel lesen und schreiben, und solchen, die wenig lesen, für spannend. Deren Reaktionen zu vergleichen kann weit führen. Dabei ist es wichtig, die Probeleser zu kennen und sich klar zu machen, mit welcher Denkweise sie an den Text herangehen. »Wenn ein Buch und ein Kopf zusammenstoßen und es klingt hohl, ist das allemal im Buch?«, heißt es bei Georg Christoph Lichtenberg. Aber man erwartet von Probelesern ja auch kein fundiertes literarisches Gutachten. Es geht vielmehr darum, logische Gedankenbrüche und Lücken zu finden, die man selbst übersieht, über Fragen nachzudenken, die man sich selbst nicht stellen würde. Man kann erfahren, in welchen Partien der Text schon spannend ist und in welchen er zu knapp oder langatmig geraten ist.

Man macht in dieser Phase die Erfahrung, wie schwierig es ist, einen Roman in seinem logischen Ablauf zu kontrollieren und wie viele dieser Brüche man übersieht. Neben einem RDBD-Schema hilft es auch, nachträglich einen Szenenplan zu entwickeln. Auf einer Liste vermerkt man Reihenfolge und Dauer der Auftritte einzelner Figuren und kann überlegen, ob die Bedeutung der Figuren im Verhältnis zu ihrem Auftritt steht.

Sie können auch versuchen, die emotionale Entwicklung einzelner Figuren in einer Fieberkurve nachzuzeichnen. Bleibt ihr Engagement im Verlauf des Textes gleich oder wird es in den Bereichen Emotion, Kommunikation und Handlung stärker?

Wenn Sie derartige Informationen eingeholt haben, liegt die dritte Fassung vor Ihnen. Bei diesem Arbeitsschritt beseitigen Sie die logischen Fehler, straffen die Handlungslinien und verbessern vor allem die sprachliche Gestaltung.

Die dritte Fassung

In den meisten Büchern über kreatives Schreiben werden allerlei Regeln zur sprachlichen Überarbeitung aufgestellt. Man solle keine langen Sätze schreiben, nicht verschachtelt formulieren, Füllwörter vermeiden und dergleichen. Ich verzichte darauf, da diese Regeln mir aus dem Sachbuchbereich zu stammen scheinen, wo sie sicherlich ihre Berechtigung haben. Ich möchte nicht in Abrede stellen, dass einzelne Regeln den Wildwuchs der Sprache, der sich manchmal entwickelt, auslichten können. Wenn man aber alle diese Regeln beachten würde, hätte es keinen Thomas Mann und keinen Thomas Bernhard gegeben. Das sind nur zwei stellvertretende Beispiele für viele Autoren, die nicht deswegen lange Sätze benutzt haben, weil sie es nicht besser konnten. Sie hatten ein Konzept von Sprache und mit diesem haben sie aus guten Gründen den Text verwirklicht. Ob einem das gefällt oder nicht, spielt keine Rolle. Aber so sehr es nötig ist, sich über die sprachliche Gestaltung des eigenen Textes Gedanken zu machen, so müssen Sie den Ton Ihres Buchs selbst finden. Nur davon hängt es ab, welche Stellen sprachlich verbessert werden müssen.

Die meisten Fehler fallen einem auf, wenn man sich den Text selbst laut vorliest. Noch intensiver wirkt diese Methode, wenn man ihn anderen Menschen vorliest. Dabei brauchen diese Personen gar keine Kritik abzugeben. Allein durch das Vorlesen hört man wesentliche Schwächen des Textes in Formulierung und Inhalt und kann sogleich in den Text hineinkorrigieren. In dieser dritten Fassung werden logische Fehler und erzähltechnische Schwächen beseitigt, die Sprache einem Feinschliff unterzogen.

Nun sollte man den Text wieder ruhen lassen. Wenn man nach einiger Zeit mit dem Ergebnis zufrieden ist, kann man die nächsten Schritte planen. Kleine Ausdrucksschwächen und schwache Passagen lassen sich immer noch beseitigen, wenn es später ans Veröffentlichen geht. Es gibt auch die Gefahr, einen Text so lange zu überarbeiten, bis er flach und ohne Eigenart keine Individualität mehr ausstrahlt. Man beendet kein Buch, man gibt es auf, hat Erich Maria Remarque einmal gesagt. Achten Sie darauf, dass die Sprache einen eigenen Klang behält. Auch wenn Ihnen nichts am künstlerischen Wert des Textes liegt und Sie einen reinen Unterhaltungsroman schreiben wollen, sollten Sie dennoch bedenken, dass es gut und schlecht erzählte Krimis, Thriller, Fantasyromane gibt. Jene Autoren, die sehr viel Geld mit dem Schreiben in diesen Genres verdienen, haben vielleicht keine besondere Sprachgestaltung, aber sie beherrschen das Handwerk des geraden, floskellosen, unauffälligen Erzählens mit hoher Kunstfertigkeit. Und diese Kunstfertigkeit bemerken Leser.

Kapitel 15:

Wege zum Verlag: Wie man einen Roman veröffentlicht

Jeder möchte seinen Roman veröffentlichen. Das ist das selbstverständliche Ziel der Arbeit. Es bedeutet, dass Menschen das eigene Buch lesen, dass man mit dem, was man sagen will, Gehör findet. Es bedeutet, dass das Werk in den Bibliotheken das eigene Leben überdauert, dass man etwas Schriftliches hinterlassen hat, was Bestand hat. Man verdient mit dem Veröffentlichen von Büchern auch Geld, manchmal sogar so viel, dass es das Leben spürbar erleichtert. Sehr wenige Autoren können von den Romanen leben, die sie schreiben. Wenn man hinter die Kulissen blickt, sieht man, dass es nur ganz wenige gibt, die das schreiben, was sie schreiben wollen und trotzdem davon leben können. Der Beruf des Schriftstellers gehört, was die Höhe des Verdienstes und die Sicherheit des Einkommens betrifft, zu den schlecht gestellten Berufen. Auch wenn immer wieder Sterntaler-Märchen erzählt werden, von Menschen, die in Kaffeehäusern frierend nichts anderes zu tun wussten, als ein Buch zu schreiben, und damit Millionen verdient haben. Von Menschen, die schnell und einfach mit E-Books Millionen verdient haben. Man müsse sich nur trauen, jeder könne es, es sei doch ganz leicht ...

Natürlich gibt es Vor- und Zufälle, mit denen Menschen es innerhalb kürzester Zeit geschafft haben, nach ganz oben zu kommen. Es kursieren Geschichten von Autoren oder Illustratoren, die über Putz- oder Tankstellenjobs ihren Verleger gefunden haben. Auch ich kenne Menschen, die durch zufällige Begegnungen weitergekommen sind – dennoch: Sie haben alle zuvor ihre Fähigkeiten geschult und hart gearbeitet.

Die digitale Revolution

Die Buch- und Verlagslandschaft erlebt in diesen Jahren durch die Digitalisierung einen Umbruch, den manche mit der Erfindung des Buchdrucks vergleichen. Es entwickeln sich viele neue Modelle, um Bücher zu publizieren und zu vermarkten, ohne dass die klassischen Wege versperrt wären. Es existiert ein vielfältiges Nebeneinander von elektronischen und gedruckten Veröffentlichungen. Großverlage und Medienkonzerne bewegen sich ebenso wie mittlere Verlage und engagierte Kleinverlage auf dem Markt, hinzu kommen engagierte Einzelverleger und zahllose Autoren, die auf Selbstvermarktung setzen. Niemand weiß, welche der neuen Wege sich durchsetzen, wie sich die Marktanteile umschichten oder ob in Zukunft all diese Möglichkeiten nebeneinander existieren und sich vielleicht sogar gegenseitig befruchten werden.

Die positive Nachricht aber lautet, dass heutzutage jeder die Möglichkeit hat, sein Buch zu veröffentlichen, und zwar in einer Weise, mit der er eine gewisse Aufmerksamkeit erzeugen kann. Deswegen kann man nicht einen Weg als den richtigen empfehlen. Heutzutage stellt sich nicht mehr die Frage, ob es einem gelingt, sein Buch zu veröffentlichen. Heute lautet die Frage, auf welche Weise man es veröffentlicht und ob der eingeschlagene Weg zu einem passt. Diese Frage kann man nur beantworten, wenn man sich zuerst eine andere Frage stellt: wer sich für das Buch interessieren könnte und wie man ihn erreicht.

Wenn Sie dann noch die Möglichkeiten prüfen, die Ihnen zur Verfügung stehen, um das Buch zu veröffentlichen und zu vermarkten – dann sind Sie in eine Diskussion eingestiegen, die heute fast jeder Autor führen muss. Wenn Sie sich, wie die meisten Menschen, entscheiden, es zuerst bei einem Verlag zu versuchen, müssen Sie folgende Vorarbeiten erledigen: Bevor Sie anfangen, Ihr Buch anzubieten, schreiben Sie es fertig! Denn anders als beim Sachbuch wird man mit einem halb fertigen Manuskript selten als Verhandlungspartner ernst genommen, da niemand weiß, ob es auch gelingt, das Manuskript fertig zu schreiben. Sind Sie aber so weit, dass Sie das Gefühl haben, es aus der Hand geben zu können, dann beginnen Sie mit Ihrer Arbeit.

Wer soll das Buch lesen?

Im ersten Schritt bringen Sie in Erfahrung, für wen Sie das Buch eigentlich geschrieben haben. Sind es Menschen, die ebenfalls solche Erfahrungen gemacht haben? Ist das Buch für Menschen einer bestimmten Region oder einer Berufsgruppe besonders interessant? Wendet es sich eher an Männer oder an Frauen? Ist es ein fantastisches Abenteuer oder ein esoterisch inspiriertes Märchen? Und dann, noch wichtiger: Hat Ihr Buch mit einer aktuellen gesellschaftlichen Diskussion zu tun oder ist es zeitlos poetisch?

Im zweiten Schritt versuchen Sie sich einen Überblick über die Verlagslandschaft zu verschaffen, damit Sie einen Verlag mit einem geeigneten Programm finden und nicht unnötig Ihre Kraft und die Arbeitszeit anderer Menschen verschwenden. Der einfachste Weg ist der Besuch einer der zwei großen Buchmessen. Sie werden dort auch nur eine Auswahl an Verlagen finden, aber Sie bekommen einen Überblick. Laufen Sie die Hallen ab und nehmen Sie sich von jedem Stand, der in irgendeiner Weise infrage kommen könnte, einen Verlagsprospekt mit. Wenn sich die Möglichkeit ergibt, beginnen Sie ein Gespräch, versuchen Sie weitere Informationen über den Verlag zu sammeln. Das Profil, Verkaufsmöglichkeiten, Lage. Als aufrichtig Fragender werden Sie interessante Antworten bekommen, die Ihnen einzuschätzen helfen, ob dieser Verlag überhaupt zur Auswahl steht. Bei dieser Gelegenheit werden Sie auch merken, an welchen Ständen Ihnen die Menschen sympathisch sind und wo Sie das Gefühl bekommen, dass Sie dort hineinpassen könnten. Das könnte die Grundlage sein, um eine positive Geschäftsbeziehung einzugehen. Sie können auch in diesen Kurzgesprächen darauf hinweisen, dass Sie ein Buch geschrieben haben und fragen, ob und in welcher Form Sie es schicken dürfen.

Sie sollten auf keinen Fall ein Manuskript mitbringen und meinen, Sie könnten es dort loswerden. Bedenken Sie, dass Sie nicht der Einzige sind, der auf dieser Buchmesse einen Verlag sucht. Es ist den Verlagsmitarbeitern nicht zuzumuten, mit einem Koffer voller Manuskripte nach Hause zu fahren.

Wieder zu Hause angekommen, arbeiten Sie die Verlagsprospekte durch und ergründen, in welches Programm Ihr Buch passen könnte. Dabei sollte nicht bereits ein Titel mit genau demselben Thema im Programm des Verlags vorhanden sein. Im Idealfall könnte das Buch eine Lücke im Verlagsprogramm schließen. Das gilt auch für Belletristik, wobei nicht selten Verlage ihr Profil erweitern oder verändern wollen und genau diesen einen Titel suchen, der witziger, frecher oder politischer ist oder – wie zurzeit meistens üblich – ein Stück mehr die Bedürfnisse des Massengeschmacks bedient und deswegen einen höheren Absatz erwarten lässt.

Dann kommt der schwierige Moment der Kontaktaufnahme. Wenn Sie es nicht schon auf der Buchmesse getan haben, so können Sie versuchen, den richtigen Ansprechpartner ans Telefon zu bekommen. Wenn Sie die Vorarbeiten umsichtig erledigt haben und wissen, worauf es bei Ihrem Manuskript und worauf es dem Verlag ankommt, wird es Ihnen auch gelingen, Interesse bei Ihrem Ansprechpartner zu erwecken. Das Ziel ist es, aufgefordert zu werden, das Manuskript einzusenden. Dann landen Sie nicht auf dem großen Stapel, sondern werden voraussichtlich privilegiert behandelt, da sie ja bereits bekannt sind.

Verlangt oder unverlangt?

Denn eine Sache verspricht wenig Erfolg: Es ist das unverlangt eingesandte Manuskript, das häufig kaum gelesen oder ausführlich geprüft wird. Das liegt nicht daran, dass in Verlagen desinteressierte Menschen sitzen, sondern daran, dass die meisten der unverlangt eingesandten Manuskripte nicht brauchbar sind. Es macht zu viel Arbeit, aus der großen Zahl unverlangter Einsendungen die wenigen geeigneten Manuskripte aufzuspüren. Da die meisten Verlage personell unterbesetzt sind, muss man schon dankbar sein, wenn ein kurzer Blick auf die Texte geworfen wird. Die Zahl der veröffentlichten Manuskripte, die den Verlag unverlangt erreicht haben, ist im Verhältnis zu den Einsendungen erschütternd gering.

So kommt es, dass es nicht wenige Werke der Weltliteratur auf über siebzig Absagen gebracht haben, bevor sie publiziert wurden. Wenn Sie hingegen ein Spezialthema haben und es nur wenige Verlage gibt, die auf Ihrem Gebiet arbeiten, dann können Sie an diese Verlage mit Aussicht auf Erfolg Ihr Manuskript unverlangt schicken.

Die Einsendung an einen Verlag – ganz gleich ob verlangt oder unverlangt – besteht aus vier Teilen: dem Anschreiben, biografischen Daten, einem Exposé und dem Manuskript oder einem Auszug davon. In dem Anschreiben sollten Sie um eine Prüfung des Manuskripts bitten und auf den persönlichen Kontakt hinweisen. Sie können in zwei Sätzen darstellen, warum Sie das Buch gerade diesem Verlag anbieten und wo es im Verlagsprogramm Platz finden könnte. Das unterscheidet Ihr Angebot dann von den Massensendungen anderer, die sich nicht diese Mühe gemacht haben.

Die biografischen Daten sollten nicht mehr als eine Seite umfassen und hauptsächlich Ihren beruflichen Hintergrund wiedergeben, vor allem, wenn er mit dem Thema Ihres Buchs zu tun hat. Wichtig sind der literarische Werdegang, etwaige Publikationen, Literaturpreise, Stipendien. Schulabschlüsse, der Name von Schulen und die Dauer Ihrer Ausbildung sind meistens unwichtig. Konzentrieren Sie sich auf die entscheidenden Fragen und versuchen Sie nicht mit Erfolgen zu glänzen, die nichts mit dem Manuskript zu tun haben.

Exposé und Manuskript

Das Exposé ist der heikelste Punkt der Einsendung. Entgegen vieler Meinungen sehe ich das Exposé als Instrument, dem Lektor knapp und übersichtlich die Hauptlinien der Geschichte in einer kurzen Zusammenfassung so zu vermitteln, dass er sofort spürt: Diese Geschichte funktioniert, ja, sie kann interessant sein, das passt zu unserem Verlagsprogramm, es lohnt sich, in das Manuskript hineinzulesen.

Dabei müssen Sie beim Schreiben auf die Entwicklungslinien achten und den Gang der Handlung parallel zu der inneren Entwicklung Ihrer Figuren darstellen. Das Schreiben eines Exposés ist schwierig und erfordert oft zahlreiche Überarbeitungen. Hier können Probeleser wirklich helfen, indem sie kritische Fragen stellen und offenlegen, was sie nicht an der Handlung verstanden haben. Wenig halte ich von der Idee, das Exposé sprachlich im selben Ton zu gestalten wie das Manuskript. Auch sollte man die Handlung nicht reißerisch wie in einem Boulevardzeitungsartikel aufmotzen oder von den Qualitäten des eigenen Textes sprechen.

Ein Exposé muss in seiner Sachlichkeit beeindrucken. Das wirkt professionell. Und wenn Sie mit professionellen Lektoren zu tun haben, dann können Sie sicher sein, dass diese an einem Exposé sofort erkennen, ob die Geschichte gut konstruiert ist.

> Was man an einen Verlag schickt:
>
> ✗ persönliches Anschreiben mit Bezugnahme auf das Programm und bereits hergestelltem Kontakt (Telefongespräch, Buchmessenkontakt, zufällige Begegnung)
> ✗ biografische Daten, die für den Verlag interessant sein könnten: literarischer Werdegang, besondere Ereignisse, Erfahrungen
> ✗ Exposé mit sachlich klarer Darstellung des Hauptinhalts, verwoben mit der Entwicklung der Figuren
> ✗ Manuskript oder Auszug in Normseiten (30 Zeilen mit je 60 Anschlägen inkl. Leerzeichen), Adresse in der Kopfzeile oder Adressstempel auf der Rückseite jedes Blattes
> (Weitere Anforderungen der Verlage sind auf deren Homepages zu finden.)

Das Manuskript selbst sollte einfach und gut lesbar gestaltet sein. Das bedeutet, es in Normseiten auszuführen mit 30 Zeilen und 60 Anschlägen pro Seite, was insgesamt, die Leerzeichen mitgerechnet, 1800 Zeichen pro Seite ergibt. Man wählt eine gut lesbare Schriftart, am besten Courier oder Arial und formatiert die Seite nicht im Blocksatz, sondern linksbündig im Flattersatz. Dabei kommt es nicht darauf an, dass es exakt 1800 Zeichen sind, sondern ungefähr dieses Maß eingehalten wird, sodass ein Lektor sich an den Rand Notizen machen kann.

Wenn Sie das Manuskript an den richtigen Ansprechpartner senden, heißt das nicht, dass Sie kurze Zeit später Antwort bekommen. Es kann drei Monate dauern, bis es angeschaut wurde und Sie eine Rückmeldung erhalten. Sie können nach Ablauf dieser Zeit höflich nachfragen, ob derjenige schon Zeit gefunden hat, Ihr Manuskript zu lesen.

Oder doch ein Literaturagent?

Falls Sie sich an einen Literaturagenten wenden wollen, dann sollten Sie das tun, bevor Sie Ihr Manuskript an einen Verlag schicken. Denn wenn Sie von allen infrage kommenden Verlagen abgelehnt worden sind, dann wird Ihnen ein Literaturagent auch nicht weiterhelfen können. Wie wichtig Literaturagenten im literarischen Betrieb in Deutschland sind, ob man sie braucht oder ohne auskommt, darüber gehen die Meinungen auseinander. Sicher ist, dass ein professioneller Literaturagent bessere Kontakte hat als ein unerfahrener Autor. Sicher ist allerdings auch, dass ein Literaturagent Geld verdienen muss, und das kann er nur, wenn er erfolgreiche Bücher vermittelt – sofern er keine unzumutbaren Geschäftsbedingungen gegenüber seinen Autoren hat. Da Literaturagenten ebenfalls zahlreiche Manuskripte zugeschickt bekommen, ist es inzwischen mindestens so schwierig, einen Literaturagenten zu finden, wie einen Verlag. Für Bücher, die sich in einem erfolgreichen Genre wie Historischer Roman, Krimi oder leichte Frauenliteratur bewegen, braucht man nicht unbedingt einen Literaturagenten. Für experimentellere Literatur auch nicht, weil die Verkaufszahlen so niedrig liegen, dass man dafür kaum einen Literaturagenten findet. In den letzten Jahren kam es auch vor, dass Seminarteilnehmer von mir zwar einen Literaturagenten hatten, aber den Verlag für ihr Buch dennoch durch eigene Bemühungen gefunden haben.

Kontakte

Kontakte sind die Währung, mit der im Literaturbetrieb gerechnet wird. Nicht nur zu Verlegern oder Lektoren, sondern zu möglichst vielen Menschen in dieser Branche. Selbst wenn Ihr Manuskript abgelehnt wird, müssen Sie das nicht als Misserfolg sehen: Kontakte herstellen, ins Gespräch kommen, sich Rat holen bei denjenigen, die an den entscheidenden Stellen sitzen, kann genauso wichtig sein wie die Zusage eines Verlags.

Bei einer Veranstaltung habe ich kurz vor der Fertigstellung von »Die Haut der Steine« einen in einem Verlag tätigen Lektor kennengelernt und ihn gefragt, ob er bereit sei, mein Manuskript anzuschauen. Er war einverstanden, fügte aber hinzu, dass er mir seine ehrliche Meinung sagen werde. Und das war ein Angebot, für das ich sehr dankbar war. Selbst wenn er das Buch verrissen hätte, so wäre ich mit ihm ins Gespräch gekommen und hätte mich bei meinem nächsten Buchprojekt wieder an ihn wenden können. Und darauf kommt es doch an: Kontakte finden und pflegen, im Gespräch bleiben. Sie werden merken, dass sich im Laufe der Zeit Veröffentlichungsmöglichkeiten wie von allein ergeben.

Er ist vor allem für junge Menschen leicht, Kontakte zu knüpfen, da die Autorenförderung der Universitäten, Schreibschulen und vieler Literaturpreise vor allem auf junge Nachwuchstalente ausgelegt ist. Dieser Entwicklungsweg beginnt meistens in der Jugend des Autors, der häufig schon in der Schule oder durch außerschulische Aktivitäten Gleichgesinnte findet. Es bilden sich Freundeskreise, man redet über Literatur und die eigenen Texte, entwickelt Konzepte, formuliert poetologische Überlegungen. Um sich bekannt zu machen, gründet dieser Freundeskreis eine Literaturzeitschrift oder sucht den Kontakt mit anderen, schon bekannten Autoren.

Menschen über vierzig, die zu schreiben anfangen, finden keine institutionell vorgefertigten Wege. Sie brauchen viel Geduld. Dennoch habe ich unter all meinen Teilnehmern bisher niemanden erlebt, der es nicht geschafft hat, wenn er nur genug Fleiß und Ausdauer gezeigt hat.

In den großen Städten kann man immer Anschluss an die Literaturszene finden, indem man Literaturkreise, Literaturbüros oder Werkstätten besucht. Man kann seine ersten Kurzgeschichten an kleinere Literaturzeitschriften schicken, die vielleicht kein Honorar zahlen, aber in anderer Währung entgelten: mit Kontakten. Diese Zeitschriften veranstalten Lesungen, andere bekanntere Autoren dieser Zeitschrift bringen vielleicht ihren Lektor mit, der hört Ihren Text, Sie sitzen mit ihm nach der Lesung zusammen und er wird, wenn er ein guter Lektor ist und Sie einen interessanten Text geschrieben haben, die Frage stellen: Was schreiben Sie sonst noch?

Das war vor vierzig Jahren nicht anders als heute. Verleger und Lektoren, sofern sie noch welche sind und nicht nur Mitarbeiter eines Publikationsunternehmens mit hoher Renditeerwartung, interessieren sich für gute Texte und suchen beständig danach. Sie suchen aber weniger in den Stapeln unverlangt eingesandter Manuskripte, sondern versuchen oft gezielt, auf anderen Wegen Autoren zu gewinnen. So ist beispielsweise der Fachverlag, in dem meine Lehrbücher für die Schule veröffentlicht werden, durch einen Artikel in einer Zeitschrift auf mich aufmerksam geworden. Viele belletristische Verlage finden ihre Autoren bei Nachwuchsveranstaltungen oder in Preisträgern kleiner oder größerer Literaturpreise.

Das Hineinwachsen in den Betrieb ist keine Angelegenheit, die innerhalb weniger Monate vonstatten geht. Es ist ein Weg, der mit der eigenen Lebensentwicklung zu tun hat, nicht nur Freundschaften begründet, sondern es einem ermöglicht, in beständigem Austausch mit künstlerisch tätigen Menschen zu stehen. Selbst wenn der literarische Erfolg ausbleibt, ist das allein schon ein großer Gewinn.

Selbstvermarktung

Falls es Ihnen trotz aller Bemühungen nicht gelungen sein sollte, einen Verlag für Ihr Manuskript zu finden, haben Sie immer noch die Möglichkeit, es selbst zu publizieren. Das galt in früheren Jahren als Makel, was eigentlich unverständlich ist, da nicht wenige Werke der Weltliteratur zu Lebzeiten des Autors keinen Verlag gefunden haben.

Heutzutage entschließen sich viele Autoren, die nicht auf den Verlagsnamen oder dessen Vertriebswege angewiesen sind, ihr Buch selbst auf den Markt zu bringen. Es gibt zahlreiche Möglichkeiten, ein Buch mit relativ geringen Kosten in kleiner Auflage zu drucken oder digital bereitzustellen, sodass auf Anfrage einer Buchhandlung oder bei eigenen Verkäufen genau die Stückzahl gedruckt wird, die angefragt wurde.

Das ist ein zukunftsweisendes Verfahren und wird von immer mehr professionellen Verlagen, die von einem Werk wenige Exemplare verkaufen, angewendet.

Bücher verkaufen sich aber nicht von allein. Auch E-Books nicht. So leicht es ist, ein E-Book herzustellen, so muss es doch unter den Tausenden von E-Books, die es inzwischen gibt, wahrnehmbar gemacht werden.

Werbemaßnahmen sind teuer, wenn man sie selbst finanzieren muss. Eigene Lesungen zu organisieren setzt voraus, viele Kontakte zu haben. Der Käuferkreis, den man unter den eigenen Kontakten vermutet, ist dann doch kleiner als erwartet: Man schickt an fünfhundert Adressen von Freunden und Bekannten den Hinweis auf das eigene Buch und stellt dann fest, dass doch nur zwanzig bereit sind, es zu kaufen.

Unter bestimmten Bedingungen kann sich Selbstvermarktung jedoch lohnen: Wenn Sie eine bestimmte Zielgruppe haben, die auf das Buch von Ihnen wartet. Wenn es ein spezielles Thema ist, auf das man im Internet über die entsprechenden Plattformen aufmerksam machen kann. Oder wenn das Buch für Organisationen interessant ist, seien es Gewerkschaften oder Golfclubs, die eine größere Stückzahl für ihre Mitglieder abnehmen. Oder wenn man regelmäßig Veranstaltungen durchführen kann, wodurch es möglich ist, mehr Bücher zu verkaufen. Vielleicht gelingt es Ihnen sogar, auf diese Weise durch Leserempfehlungen bekannter zu werden als auf herkömmlichen Wegen.

Der Literaturbetrieb wird in den nächsten Jahren sehr viele technische Neuerungen und Organisationsformen erleben und wir alle dürfen gespannt sein, wie sich die Welt der Verlage und der Literatur verändern wird. Daher kann dieses Kapitel keinen vollständigen Überblick über die Möglichkeiten und Schwierigkeiten des Veröffentlichens geben. Es soll anregen, sich weiter mit dem Thema zu beschäftigen, die Veränderungen zu beobachten, zu diskutieren und für sich selbst eine Lösung zu finden, eine Identität, mit der Sie zufrieden sein können. Der erkaufte Erfolg muss dabei nicht die beste Lösung sein, wenn die künstlerische Lust dadurch verloren geht.

Wenn Sie einen Beruf haben, der Ihnen Freude macht und Raum gibt, Ihren künstlerischen Neigungen nachzugehen, behalten Sie ihn. So bewahren Sie sich die Freiheit, das zu schreiben, was Sie wollen. Viele bekannte Schriftsteller unserer Zeit haben bis ins hohe Alter gearbeitet. Viele bekannte Dichter haben praktisch keine Bücher zu ihrer Lebenszeit verkaufen können. Das macht ihre Texte nicht schlechter.

Und so kommen wir wieder auf das zurück, was ich am Anfang beschrieben habe. Im Vordergrund der Arbeit eines Schriftstellers steht nicht die Überlegung, wie man richtig viele Bücher verkauft. Die gestaltende Arbeit mit Sprache, das lustvolle Erfinden von Figuren, das Vergnügen, Handlungen zu bauen, ungewöhnliche Lösungen zu finden, sich selbst immer wieder in neuer Gestalt zu erfinden: Das ist Schreiben. Und so wie die Gedanken über das Veröffentlichen von Büchern nur ein Kapitel dieses Buchs einnehmen, so sollte auch in Ihrem Kopf die Schreibkunst im Vordergrund stehen: die Lust auf das vergnügliche Abenteuer, eine Geschichte zu erzählen.

Ein paar Worte zum Schluss

Schreiben ist ein Lernprozess, der ein ganzes Leben anhält. Mit jedem Projekt, mit jedem Textabschnitt stellen sich neue Aufgaben. Jede Idee bedeutet, auf eine neue Weise reagieren zu müssen, zumindest das, was man tut, zu überdenken.

Manchmal quälen einen neue Ideen deswegen mehr als die Momente, in denen einem nichts einfällt und die Unruhe auslösen, vor allem, wenn der Abgabetermin näher rückt. Dieses Abenteuer, diese Unsicherheit ist aber Teil der literarischen Arbeit und macht sie wertvoll. So wie die andere Seite, die Augenblicke des Glücks, die man unabhängig von Gelingen und Erfolg ebenso empfindet: dieser Moment, sich nach einem Herbstspaziergang bei aufkommendem Nebel an seinen Schreibtisch zu setzen, die Welt um sich versinken zu lassen und nur im Schein der Schreibtischlampe mit Papier und Stift in vollkommener Stille allein zu sein. Der Schönheit einer Landschaft, die man an einem heißen Sommertag erlebt, mit Worten noch eine weitere Dimension des Empfindens abzugewinnen. Dieses tiefe Gefühl von Zufriedenheit und Glück, wenn man eine Geschichte fertig geschrieben hat und den Stift aus der Hand legt, auch wenn sich später vielleicht wieder Unsicherheiten einschleichen.

Genauso intensiv ist die Empfindung, wenn man die Geschichte vorliest und die Aufmerksamkeit der Zuhörer spürt, merkt, wie sich in ihnen die Geschichte zu entfalten beginnt. Wenn Leser positiv reagieren und feststellen, dass man das in Worten formulieren kann, was ein anderer nur erahnt hat. Und dann der Moment, wenn man zum ersten Mal das gedruckte Buch in den Händen hält – wenn einem der Text nicht mehr allein gehört, sondern auch dem Leser, der das Buch anfassen kann, mit sich nach Hause nimmt. Es gibt viele glückliche Momente in der literarischen Arbeit, wegen denen es sich lohnt, zu schreiben und zu veröffentlichen.

Diese Dinge sind wohl seit Jahrhunderten unverändert. Was sich aber beständig verändert, ist die Situation der Autoren. Noch weniger als früher gibt es festgelegte Wege, wie man Schriftsteller wird und sich zu verhalten hat. Für einen Verlag zu schreiben bedeutet nicht, Bücher zu verkaufen und Erfolg zu haben. Gleichzeitig leben wir in einer Welt, in der die technischen Möglichkeiten und Angebote oft unsere persönlichen Fähigkeiten übersteigen, diese zu nutzen. Wir können nicht gleichzeitig schreiben, auf allen Internetplattformen für uns werben, unsere Lesereisen organisieren, Pressearbeit machen, zu allen Terminen laufen, bei denen wir wichtige Leute treffen könnten, persönliche und geschäftliche Korrespondenzen mit Schriftstellern und Verlegern führen, Vereine und Gesellschaften anschreiben, die mit dem Thema des Buchs zu tun haben, usw.

Ein guter Verlag übernimmt viele dieser Aufgaben, aber auch nicht alle. Denn beständig entwickeln wir Ideen, fällt uns auf und ein, was alles machbar ist oder nötig wäre zu machen. In Verlagen sind inzwischen viel zu wenig Mitarbeiter vorhanden, um die Aufgaben zu bewältigen, die sich durch die technischen Möglichkeiten und Angebote stellen. So müssen wir uns entscheiden, lernen, was wir wollen, was wir können, wozu wir bereit sind.

Wir lernen in diesem Prozess auch, wer wir sind. Der Mensch, der schreibt, ist nicht nur jemand, der etwas mitteilen will. Er ist auch ein Suchender. Er sucht beständig nach den richtigen Worten, spannenden Satzkonstruktionen und der ganz besonderen Idee. Er sucht nach Verlagen und Möglichkeiten, sein Buch zu vermarkten. Er muss auch danach suchen, was er wirklich will, und nach dem Weg, wie sich das umsetzen lässt. Es klingt pathetisch und doch bedeutet die Überlegung, warum man schreibt und wie man sich mit seinem Schreiben positionieren will, auch, sich sehr intensiv darüber Gedanken zu machen, wer man als Mensch ist und was man vom Leben will.

Autoren müssen sich diese Frage immer wieder stellen. Es ist die Suche nach einer schriftstellerischen Identität, die spätestens mit der Veröffentlichung des ersten Buchs wichtig wird. Wie will man weitermachen? Gibt es ein Ziel, das sich erreichen lässt? Auch erfolgreiche Autoren bleiben manchmal ihr Leben lang unzufrieden. Sie ärgern sich darüber, nur fünftausend Bücher verkauft zu haben – und wenn sie zwanzigtausend verkauft haben, hadern sie damit, warum ihnen nicht der eine oder andere Literaturpreis verliehen wurde.

Zufriedenheit kann sich nur einstellen, wenn man die Sache um der Sache willen macht. Dann entwickeln wir durch Schreiben Lebenskraft, Widerstandskraft, um uns gegen die ganzen Anfechtungen des Alltags und der gesellschaftlichen Zumutungen zu wehren. Dann können wir mit sicherem Gefühl an die Öffentlichkeit treten, uns auch für andere mit unseren Texten engagieren. Dann müssen wir nirgendwo hinkommen, sondern sind bereits jemand. Erfolg, was immer das sein mag, stellt sich, wenn wir unser Arbeit aufrichtig betreiben, von alleine ein.

Das Leben eines Schriftstellers findet seine Erfüllung am Schreibtisch: In dem Moment, wenn er es geschafft hat, so viel Zeit für sich zu erübrigen, dass er sich für einige Stunden um nichts anderes mehr kümmern muss als um seinen Roman.

Weitere Titel zum Thema

Arwed Vogel
Die Haut der Steine

Ein Altstadthaus im Zentrum Münchens. Der skrupellose Bauunterneh-
mer Vleutz hat die meisten Mieter vertrieben, nur Kunststudent Anton
leistet ihm noch erbittert Widerstand. Er hat seiner Freundin Johanna
versprochen, bis zu ihrer Rückkehr im Haus zu bleiben. Doch Johanna
ist verschwunden, und auch von ihrer Schwester Judith erfährt Anton
nicht, wo sie ist. Während Anton sich immer tiefer in die Stadtschluch-
ten begibt, um die Zerstörung seiner Skulpturen an Vleutz zu rächen,
beginnt Judiths Roadmovie: die Suche nach ihrer Schwester und ihrer eigenen Geschichte. Spannend wie einen Krimi erzählt der Autor eine bis
ins Groteske gehende Geschichte von Täuschungen und Verrat. Sie zeigt
den Entwicklungsprozess seiner Hauptfiguren zwischen Wünschen und
Leidenschaften und dem Versuch, die eigene Wirklichkeit zu finden.

ISBN 3-935877-87-0, 140 S., Paperback, € 12.80

Wolfgang Bittner
Beruf: Schriftsteller. Was man wissen muss, wenn man vom Schreiben leben will

Schreiben ist eine der schönsten Hauptsachen der Welt. Wer nicht nur
für sich Erlebtes und Erdachtes festhalten will, sondern schreibt, um
seinen Lebensunterhalt zu bestreiten, dem zeigt ein erfahrener Autor
Wege durch den schwierigen Alltag der freien Schriftstellerei und ihre
Bedingungen von der Mediensituation über den Büchermarkt bis zu
Autorenverträgen und Steuererklärungen. Folgende Themen werden
behandelt: Schriftsteller – Beruf oder Berufung? · Buchmarkt · Ver-
lagswesen und Medien · Kann man vom Schreiben leben? · Ein Text
wird gemacht · Der Umgang mit Sprache · Gibt es Qualitätskriterien? ·
Literaturkritik · Schriftsteller als moralisches Gewissen? · Zensur ·
Neue Medien · Vertragsbedingungen · Books on demand · Preise und
Stipendien · Lesungen und Leseförderung · Literaturbetrieb · Verbände
und Institutionen.

ISBN 3-86520-197-0, 148 S., Paperback, € 12.90

Jürgen Scheidt
Kreatives Schreiben – HyperWriting

Im Verfassen von Texten liegt eine kreative und heilende Kraft, die jedem Menschen Selbsterkenntnis und Selbsterfahrung eröffnet und nicht nur Informationsmedium und Denkwerkzeug für Schriftsteller und Journalisten ist. Deshalb geht es hier nicht so sehr um Anweisungen für das Schreiben stilistisch korrekter Texte, sondern vielmehr um die Einführung in eine Methode, welche Selbsttherapie und literarisches Schreiben als die Ränder eines breiten Spektrums möglicher schriftlicher Ausdrucksformen betrachtet. Viele Beispiele regen an zur Entfaltung der Phantasie. Wie nebenbei wird gezeigt, dass man schreibend Geborgenheit und zugleich seelische und geistige Freiheit im eigenen Selbst erfahren kann. Diese Methode, vom Autor HyperWriting genannt, kann jede(r) für sich anwenden oder als »Schreiben in der Gruppe«, wie es der Autor in seinen Seminaren praktiziert.

ISBN 3-86520-210-1, 216 S., Paperback, € 19.90

Jürgen Scheidt
Kurzgeschichten schreiben

Die Kurzgeschichte erlebt zurzeit im deutschsprachigen Raum eine Renaissance, vor allem in unzähligen Schreibseminaren und Literaturwerkstätten. Im Internet und durch Book on Demand ergeben sich neue Möglichkeiten der Publikation, gerade für die kurze Form. Der Autor hat sowohl eigene Erzählungen geschrieben und veröffentlicht wie auch in seinen Seminaren und Lehrgängen Hunderten von Teilnehmern die »Kunst der Kurzgeschichte« vermittelt. Im vorliegenden Buch werden Schritt für Schritt modellartig die wesentlichen Elemente entwickelt und geübt, die eine gute Story ausmachen. Interessante Seitenblicke auf das selbsttherapeutische Potential und die Kulturgeschichte des Erzählens ergänzen die praktischen Übungen und Tipps, in Fortführung und Ergänzung des Bandes »Kreatives Schreiben« vom selben Autor.

ISBN 3-935877-57-9, 92 S., Paperback, € 9.90